実践

住宅営業マンのための間取り学

yamazaki　設計　service

表現社出版販売

まえがき

「最初に　住宅営業マンの皆さんへ」

毎日毎日、本当にご苦労様です。営業の仕事はいろいろ大変と、お察しいたします。

ノルマはかかってくる。利益率はチェックされる。そしてライバル社は多い。

そんな中で皆さんは、住宅営業の仕事に日々励まれているのでしょう。

仕事上は多分、営業担当のあなたとは別に設計担当の方がいらっしゃると思います。それが、一般的な住宅メーカーの形でしょう。

あなたの会社もあなたがお客様と接してヒアリングする。そして設計担当にプランの依頼をする。そんな形でやっていませんか。

ところで、どうでしょう。

そんな中で、時々歯痒い思いをされる事はありませんか。

例えば、お客様よりのヒアリングをして設計担当に依頼しました。でもその後のプラン作成に随分と時間が掛りすぎました。

すると、お客様はもう他社との話がかなりの部分まで進んでいました、とか。

また、設計担当から前に依頼したプランを受け取りました。そして、眺めて見ます。

お客様から伺った要件は何とか満たされていますが、何かピンと来ない気がします。けれど、そのまま提出しました。

すると、よその会社に決まりました、とか。

後学のためにと頼んで、お客様にそのよその会社のプランを見せてもらいます。

すると、そのプレゼンは、遥かに素敵なのです。とても悔しい思いをしました。

デザインとかの話ではありません。単純な基本設計の事です。自分が求めていた間取りが、そのままそこにありました。

一体どう言う事だよ。

もっと早く、そしてもっとレベルの高いプレゼンを、お客様の処へ届ける事が出来ればいいだけじゃないか。

そうすれば、自分の営業成績はもっともっと上がるのに。

そんな事を感じていませんか。

もやもやした気持ちは募るばかりです。

思い余ったあなたはある日、会社の上司に話してみました。

すると上司は、返事をしてくれました。

「じゃあどうしてもこのお客様の仕事が欲しいと言う時は、言ってくれ。設計担当を同行させて、話を早くしよう」

けど、あなたの望んでいる答はそうじゃない筈です。それで、今までの問題が直ちに解決するとは、とても思えません。

それに、設計担当を同行すれば、お客様は設計担当とばかり話をするでしょう。

何か自分だけが浮いてしまいそうです。随分居辛い思いをした事が、以前にありました。

ではどうすれば、こんな悩みを解決できるのでしょうか。

答えは実に簡単なのです。

住宅営業マンであるあなたが、間取り作りのプロになってしまえばいいのです。

あっ、ここでとんでもない話だなどとは思わないでください。

設計士の資格試験を誤解していませんか。

この資格試験を説明します。

1級建築士の場合でも2級建築士の場合でも、間取り作りのエキスパートである能力を必ずしも義務付けたものではないのですよ。

建物の設計や監理をしていく上で、建築の法規や工程手順などを、いかに理解しているか確かめる試験なのです。

大半の人たちは、その後の経験や場数によって、プラン作りの能力を磨いて行きます。

1級建築士になったからと言ってすぐに、素晴らしい設計プランが出来るといったものではありません。

間取りやプランを作る事を、設計の聖域みたいな言い方をされる設計士の方が、時々いらっしゃいます。

でも、どうでしょうか。1級建築士でありながら、あまりにも稚拙なプランを出される方の話を時々耳にします。

だけど別に驚く話ではない筈です。そのプランは法規上違反している訳ではありません。間取りとしてのセンスが無いだけです。

間取り作りと言うのは、高度になる時には別の能力が必要になってきます。

決められた空間に、決められたパーツを収めて、無駄な隙間を作らない。そしてゆとりをも計算の上で作っていく。

例えばテトリスのゲームのパーツを使って長方形のスペースを埋めるとか。

自由な空間認知能力とでも言うのでしょうか。そんなものが問われている気がします。だとすれば、住宅営業マンであるあなただって、住宅に関わってこの仕事で飯を食っているプロなのですよ。

資格がないことを別にすれば、自分にだって間取り作りのエキスパートになれそうな気がしませんか。

単に間取りを作る能力の、素質から考えて見て下さい。

ゲーム好きのあなたのほうが、真面目1本で頭の固いあの設計担当よりも、本当はずっと上かも知れません。

好きこそ物の上手なれです。

この仕事が好きでやっている訳でしょう。だったら、エキスパートになれない筈がないでしょう。

そうすれば、お客様との話もぐんとスピードアップします。営業成績もグングン上がるでしょう。

どうです。そんな自分の理想を追い求めてみませんか。

そうです。少し気持ちが動きましたね。

ただ、ここで1つだけ条件と言うか、して欲しい事があります。

自分の天職だとの覚悟がある訳です。少しだけ勉強をして下さい。

そして、一つの資格を取得してください。法規上の事もありますからこれだけはお願いしたいのです。

何だ、やっぱりそっちに話が来るのかよ。そう思われましたか。

けどちょっと違いますよ。

1級建築士であるとか、2級建築士であるとかの資格ではありません。

もっともっと簡単な「木造建築士」と言う資格があるのです。

これだったら、2級建築士の試験よりもはるかに簡単です。少し勉強すればなんとかなる筈です。

この資格は、もともと資格無しで建物を建てていた大工さん達のために出来ました。

自分で建てる建物を、自分で設計監理してもらうためです。

それによって、建てた人の責任が明確になりました。今でこそ設計の名前貸しなんて無くなりましたが、昔はよく耳にしました。

ただし、言っておきます。

この資格はあなたがお客様の建物を設計監理するために、必要なのではありません。

先ずあなた自身に、家作りの設計をするための最低限のルールを、飲み込んでもらいたいのです。

それにもう1つ。

何らの資格のない人間が作ったプランとなると、どうでしょう。

例えどんなに素晴らしいプランであっても、お客様に対して失礼じゃないでしょうか。

木造建築士の資格も馬鹿にしたものではありません。

あなたがこの資格による設計事務所を開設したとすれば、このクラスの木造住宅の設計監理をする事には何ら問題がない訳です。

1級建築士の資格を持つ者と木造建築士の資格を持つ者との間で、間取り作りの能力の差が有るのでしょうか。

あったとしたら、それは個人差なり経験値の差です。

そんな事を問う資格試験では無かったのですから。

ただ、世間一般には1級建築士の方の響きが良いのかもしれません。

これは仕方のない事です。

けど資格の名前で勝負する訳ではないのですから気にする必要なんて全くありません。

あなたはあなたの会社の持つ設計事務所の名前を前面に出してください。

そして、プランだけはエキスパートになった自分が作ったものを、さりげに提出すれば良い訳です。

ちなみに、先に言っておきます。

ここで磨いていこうとする間取り作りの能力の事です。

例えば会社のモデルハウスとか高級住宅とかを設計していく能力とは、ちょっと違います。

営業マンのあなたならお分かりでしょう。

あなたのお客様の大半が建てようとされているのは、価格がリーズナブルなものです。

坪数で言えば、だいたい30坪から40坪くらいの住宅だと思います。

何事も順番です。先ず、いわゆる普及版タイプの住宅について、間取り作りの能力を磨いて行きましょう。

ここでは、70坪以上の豪邸とかについては、考えないでおきます。少し趣旨が異なるからです。

尤も、そんな住宅の場合も今から学ぶ事の応用の延長です。あなたの空間認識能力が高まれば、すぐに対応出来るのかもしれません。

ここでは、そんな能力を学ぶ事を総称して「間取り学」と呼んで行きます。

この本の手順について簡単に説明します。

第4章まではこの「間取り学」の説明になります。なるべく分かりやすく書いたつもりです。

第5章から第12章までは、8パターンの実践編になります。

主人公の「彼」がお客様に接客し、最初のプレゼンを提示します。そうすると、それに対しての不満や注文が出てきます。

それに対して、主人公の「彼」は素早く対応します。そして、受注に持って行く話になっています。

この「間取り学」は、多分に独断的な考え方です。全ての住宅設計を満足させるものではないと思います。

もっと、多様な要望に応えてくれるもの、そしてもっと魅力的なものだって、ありえるかもしれません。

でも今の時点では、間取りの効率化や、対応のスピード化は、このあたりが私の限界です。

1度この考え方を理解された上で、物足りない方はご自身のパターンを作っていかれるのも、1つの方法かと思われます。

目次

実践＊住宅営業マンのための間取り学

第1章

「間取り作りとプラン集」

間取り作りと言うのはパズルです。ずっとそう考えてきました。

この本の中には、パーツの入れ替えと言った言葉が出てきます。

3・5m×3・5mの和室＋押入、床の間、仏間と言った部屋が有ります。

そして、1・7m×2・0mの洗面と1・8m×2・0mの浴室と1・5m×3・5mの多目的家事室の組み合わせが有ります。

これも3つで3・5m×3・5mの形です。

1回目のプランをお客様に見てもらいました。すると、キッチンと水廻りとの家事動線が悪いと言われました。よくある事です。

こんな時にこの2つを、そっくり入れ替えてしまうのです。

私の考える「間取り学」とは、そう言ったパズル的な考え方の延長にあります。
例を挙げます。
1m×1mの正方形を5個組み合わせた4つの形《パーツ》が有ります。（図－1）
当然、それぞれの大きさは5㎡です。そして、4つの面積の合計は20㎡になります。

（図-1）

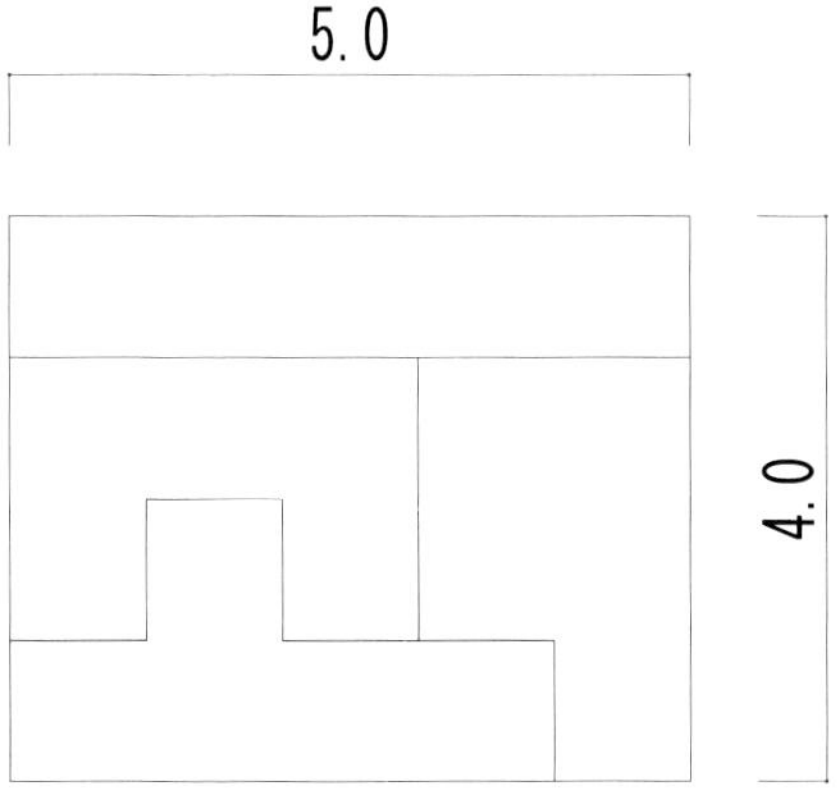

（図-2）

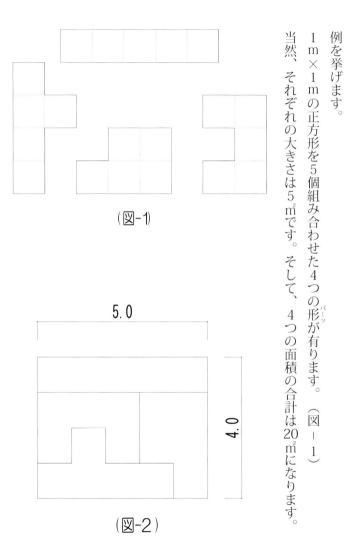

20㎡と言う大きさは、４ｍ×５ｍの長方形も同じ大きさです。

だとしたら、この４つのパーツで４ｍ×５ｍの長方形が作れないかと考えます。

そうすると、前頁下のような組み合わせになる訳です。（図－２）

私の間取りに対する考え方の原点はそこにあります。

では、今度は関東間を使った、尺モデュールで考えてみます。

実際の間取り作りの中で、同じ事を行ないます。これは、私自身が経験した話です。

昔、建築の仕事を始めた頃、木造アパートを設計した事が有ります。

１つのフロアーに何所帯かが連なります。

一所帯の大きさは、下の図になります。５間×２・５間。12・５坪の大きさです。（図－３）

この大きさで、一般的な家賃の相場が決まっていたみたいです。

昔の間取りですから、今の現代的なマンションとは違っています。

その時、お客様に欲しい部屋を尋ねると、こう言われ

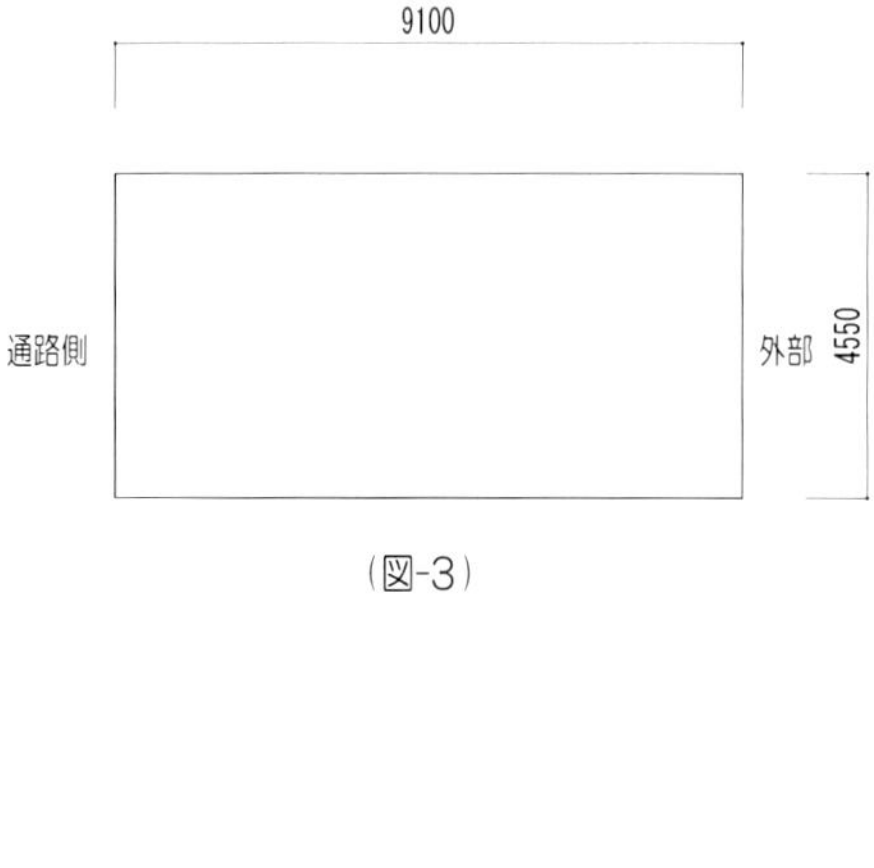

（図-3）

ました。

先ず、玄関を兼ねた４・５帖のＤＫ。部屋は６帖と８帖だな。１帖分の押入れが３つくらい欲しいし、半帖の洋タンも１つ欲しいな。

そして、風呂は１・５帖で、洗面とトイレはそれぞれ０・75帖くらいの大きさか。

お客様の要望はそんな具合でした。書き出したのが、下の図です。（図－４）

今の帖数を全部足すと25帖になります。つまり、12・５坪です。

さっきのパズルと同じ様に、組み合わせて見ました。すると、次頁の図になります。（図－５）

採光面積を考えるために、和８帖の窓はもっと大きくなるかもしれませんが、これでまとまっています。

無駄な部分が１つもありません。

若い頃にこの間取りを原点にしました。住宅の間取りもこれが出来ないかと、ずっと考

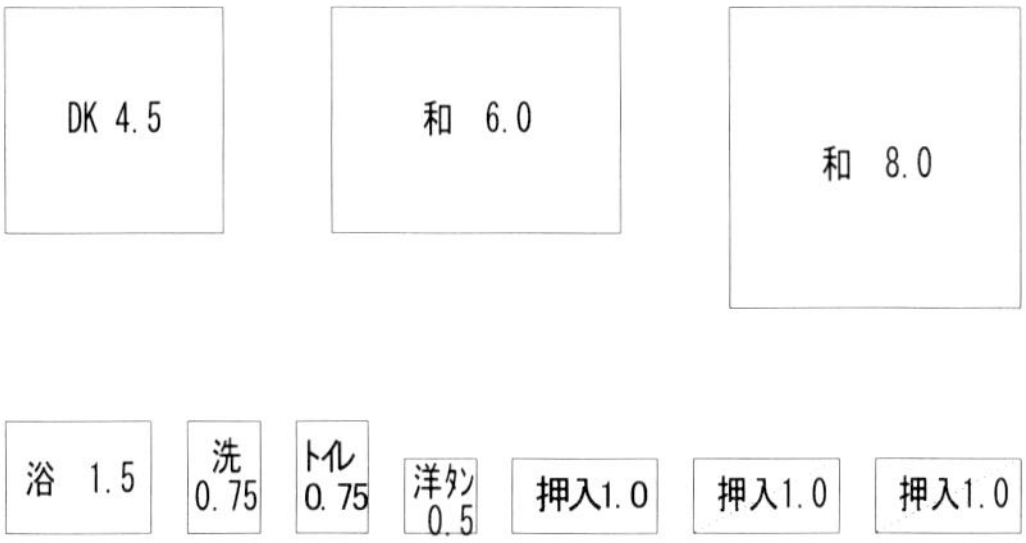

（図 -4）

えてきた訳です。

最初に必要な部屋を尋ねます。無駄な部分が無いと言う事は、他のライバルの図面より、全体の坪数が小さくなると言う事です。

これは、必ず武器になります。

プランを作る時は、どんな大きさの部屋がいくつ必要と書きだす癖になりました。

次に出てくるプラン集の場合も同じです。

同じ大きさのプランは、ほとんど同じ部屋の並べ替になっています。

住宅営業の仕事をしている時期に、お客様の要望が類似していると感じました。

その内にこれを、分類してまとまったプラン集が有ると便利なのにと思いました。

何年かかかって、試行錯誤しながら、何とかそんなプラン集を作り上げてみました。

使いやすくするために、平面図と外観パースとをセットにして、画像にしました。

いずれ、何らかの形で世の中に出てくれれば嬉しいです。

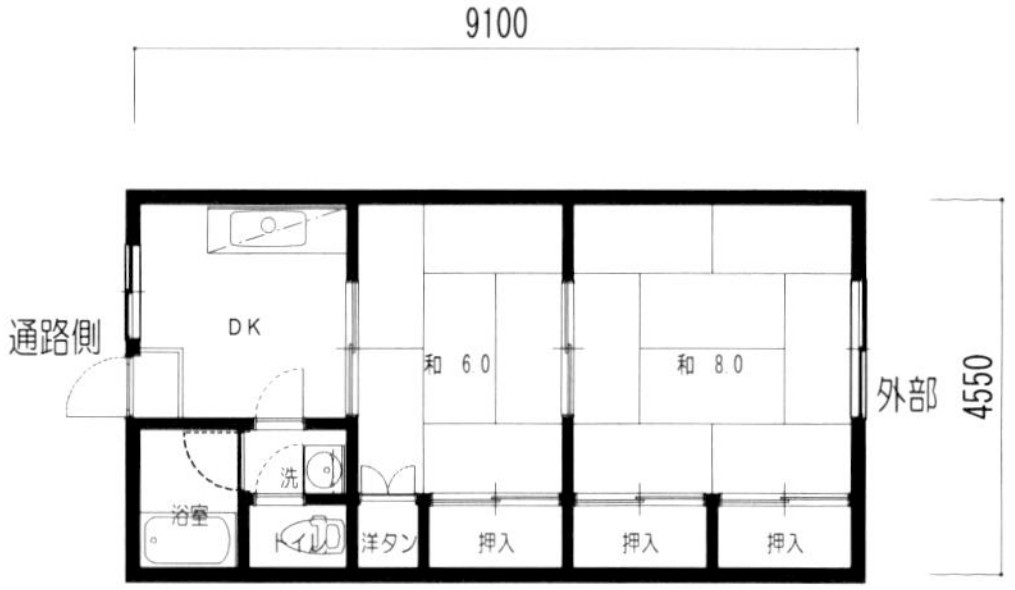

（図 -5）

このプラン集は、あくまでも叩き台です。完璧である必要はありません。
チェックされた条件だけクリアーしています。点数で言えば、80点くらいのものです。
営業のツールとしては、先ずスピードが条件です。その出たプランに対して、お客様が不満や要望を漏らしてくれればいい訳です。

これは全部で１９２個のプランから成り立っています。

先ず大きさによって分けられています。30坪、33坪、36坪、39坪の４つの大きさです。

大きさは例えば36坪ならば１０１・75㎡から１０２・０㎡です。つまり、37坪未満と言う事になります。

大きさの制約に関しては厳密です。ほとんど０・25㎡くらいの差しかありません。

４つの大きさの坪数で分類されたものはそれぞれ48プランあります。つまり４×48で１９２プランと言う訳です。

そして各大きさのプランは正面から見た建物の間口の長さによって、９・０ｍ、６・５ｍ、５・５ｍの３通りに分かれます。

この間口の長さをどうして選んだのかとよく言われます。一般によくある敷地の形状に対応したものと思って下さい。

本論でも、説明しています。

各間口の長さのプランは３つに分かれるので、それぞれ16通りとなります。

次に16通りのプランは、敷地に対して接面道路のある方角により、東西南北の４通りに分かれます。

方位くらいと思われるかもしれませんが、これも意外に大切な要素です。

例えば、リビング、サンルーム、バルコニー、２階寝室はなるべく南面するようにしてあります。

子供室は朝日がさす東側が好まれます。

同じ大きさで、同じ間口の長さ、同じ方位に面したプランが、それぞれ４つです。

ここでは２つの条件によって、４つの組み合わせを考えます。

１つは１階の和室とリビングが接しているのかいないのかと言う分類。

これは将来どちらかの片親を引き取った場合を考えて見て下さい。奥様にとっては微妙な問題です。

もう１つは階段を廊下から上がって行くのか、ＬＤＫから上がって行くのか、と言う分類です。

これも子育てのために皆さんこだわります。

子供が必ず居間を通って自分の部屋へ行くべきと、言われる方がいらっしゃいます。

また別の方は、子供の友達が来る度にＬＤＫを通られるのは困ると言われます。

この２つの条件によって、４通りのプランになります。

本論の中でも書いていますが、分類と言えば他にもありそうです。例えば、対面キッチンかそうでないか、の問題はどうでしょう。

大丈夫です。

これはあらかじめ対面型キッチンにしておけばいい筈です。間取り的にはどっちにする事も出来ます。だから、外しました。

とりあえず、これだけの分類にしました。こうして出来たものについては、それぞれ簡単な呼び方が有ります。

例えば36坪の南向きで６・５ｍの間口、１階和室とリビングとが別になっていて、階段がＬＤＫから上がるプランのことを略して「36坪南間６・５別Ｌ」と呼んでいます。

この場合、１階和室とリビングが接していて階段を廊下より上がったとしたら、今度は「36坪南間6・5接廊」と呼びます。

とりあえず、実践編では、８軒分のプランをピックアップしてみました。

30坪、33坪、36坪、39坪のそれぞれの大きさが２つずつです。

建物の間口は５・５ｍ、６・５ｍ、９・０ｍの３パターンです。同じ大きさの中では、それぞれ1組出るか出ないかです。

方位や他の条件はアットランダムになっています。

主人公は、最初のプレゼンにいろいろと注文を付けられます。その後、お客様の希望に近付くようにと、手直ししていきます。

具体的には先ず、モデルルームや内見会場への、お客様の初訪から始まります。

ただ、この本は営業の手引書ではありません。次回面談のアポの取れた物件だけにしてあります。

お客様との話の中で、いろんな要望を伺います。そして予算を確認します。敷地についても、現地調査の許可をもらいます。

必ず1週間後のアポを取ります。そして、木曜あたりに叩き台としてのプレゼンを必ず届ける約束をします。

これはほとんどがプラン集のものをその敷地に当てはめるだけなのです。ここでは先ずスピードを重視しています。

完璧では無くても、相手の要望を75点から80点くらいに満足させる筈です。そのために、192通り有ります。

予算より大きさが逆算できます。

敷地の向きや間口の長さを調べます。

次に和室とＬＤＫとは別とか、廊下階段なのかとかを確認します。

そして、それに当てはまる、プランを用意すれば良い訳です。

これなら少しくらい手直しする事があっても、木曜に届けるのはそんなに難しい事ではありません。

逆にこの段階でのプレゼンは、完璧じゃない方が良いのかもしれません。

日曜までこれをじっくり見ていただきます。本当の要望と言うものを、しっかり考えてもらえば良いと思います。

また、的を外さずに何とか合格点を出しておく事は、住宅メーカー間のふるいに残る事をも狙っています。

昨今、いきなり自社のみになる事はほとんどありえません。

一般的に、初訪のお客様は4社から5社くらいのメーカーを廻られると思って下さい。

それが、プレゼン提出によって2社ないし3社に絞られます。

先ず的確な1つの解答をスピーディーに提出する事で、かなり点数を稼ぐ事になります。

そして、日曜日にもう1度お客様より、細かく注文の付いた、再プランニングの要請を受ける事が出来れば、しめたものです。

その時は謙虚に要望を聞いて下さい。

その上で、それならあと2㎡くらいの面積増になりますが、宜しいですかと告げて、その許可をもらいます。

その上で最終プレゼンに取り掛かります。

面積増が無ければもっと良いのでしょうが、プラン集はどれも、無駄をギリギリまで排除してあります。

大きな提案には、多分この程度の面積増が必要になってきます。

お客様も1坪内外の増ならば、割に鷹揚だと思います。

ただし、条件が有ります。

この後提出する最終プレゼンは、お客さまの満足度が90点以上になるものに、必ずしてください。これが必要条件です。

実践編の中では、お客さまの要望や土地の形状、家族構成などを先ず確認します。

そして、基本的な図面の作り方をなぞっていきます。

ほとんどプラン集の中の確当プランを最初のプレゼンとして届けています。

多少の手直しをするかもしれませんが、敢えて完璧ではないようにしています。自分で気に入らないプランの時も有ります。
すると、お客様からはっきりと物足りない処を指摘されます。
その時に、全力を尽くすようにしています。
この時の手順をゆっくり示していきます。その応用を理解して行ってください。

第2章

「30坪台のプラン集」

前章で紹介したプラン集について、少し掘り下げていきます。この「間取り学」の場合、根底にあるのはこのプラン集です。

これを理解していただく事が最初です。

私自身、随分長い事、木造住宅の設計に関わりました。いろいろな立場から、さまざまな住宅を設計してまいりました。

特にここ10年くらいの間に、住宅メーカーの営業を兼務した時期があります。

単なる設計だけの立場から見ると、なかなか面白い経験が出来ました。

尤も、以前より個人的な営業の経験はあったのですが。

ただ、その時期辺りから、以前より漠然と考えていた妄想が、浮かび始めました。

そして頭の中で、次第に明確な形になって、行くのを感じました。

住宅の間取り設計と言うものは、法則やパターンによって分類できる。

つまり、「間取り学」とでも呼べる考え方が存在しても良いのではないかと言う事です。

前章でも少し述べましたが、若い夫婦が話すマイホームは多分に類似しています。

良く耳にする要望を書きあげて見ました。

１階に欲しい部屋は先ずＬＤＫと和室です。その他に洗面、浴室、トイレとなります。

２階はＷ《ウォーク》・Ｉ《イン》・Ｃ《クローゼット》付の寝室が必要です。収納付の子供室は２室と言われます。そして出来る事なら、バルコニーと２階にもトイレを欲しいと付け加えられます。

10組の夫婦が来られると、７、８組の方達は、これに近いプランを希望されました。

そんな時、どのくらいの大きさを考えていらっしゃいますかと尋ねて見ます。すると、36～37坪ぐらいと応えられます。

一般的な処だと思います。

けど、パズルのような考え方をすれば、もっともっと絞れそうな気がしました。

まず20坪台で考えて見ました。さすがに、これはちょっと無理があります。

そこで、30坪で考えてみました。すると、何とか収まる事が分かりました。

左が1例です。少し窮屈な気がしますが、予算が厳しいお客の場合もあります。この大きさで、48通りのプランを完成させました。

次に33坪で考えて見ました。ここで言う33坪とは、34坪未満の33坪台と言う事になります。

0・25㎡内の誤差しか認めていません。

次頁の図が33坪プランの1例です。

ここで、お客様の要望として必要な部屋を確認してみます。30坪台と基本的には同じです。部屋が少しだけ大きくなっています。
プランの中で、1階のＬＤＫは

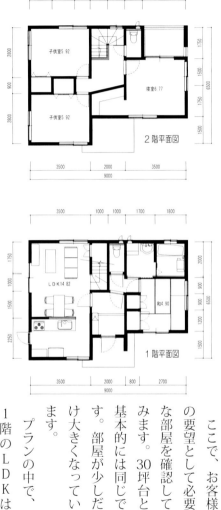

3・5m×7・0mの大きさで、14・82帖です。

30坪プランの時は3・5m×6・5m、13・76帖になります。

ほとんどの奥様は対面型キッチンを希望されました。それで、プランとしては対面型だけにすることにしました。

仮に、セパレーツ型であったとしても、アイランド型であったとしても、この形なら簡単に応用が効きます。

2階　平面図

1階　平面図

1階にはあと水廻りが必要になりますが、その他に6帖程度の和室が有ります。

畳コーナーと言う声を聞く事もありましたが、それは畳コーナーでも良いと言うような消極的な意見です。

プランとしては和室を取り入れました。

そして2階には、W・I・C《ウオーク イン クローゼット》の付いた7帖くらいの寝室が必要です。次に6帖くらいの収納付の子供室を2室設けています。

また2階にもトイレを付けました。そして、バルコニーもしくはサンルームを南向きにとってあります。

細かい分類についての説明は割愛させてもらいますが、ともかく48通りの間取りを作ってしまいました。

30坪、33坪のプラン集が合わせて96通り出来ましたが、これで終わるつもりはありません。

順番から言うと、次は36坪になります。ここで少し迷いました。間取りとして、何を増やせば良いのかと言う事です。

同僚の営業マンと話をして見ました。

33坪のプランの内容を示した上で、次にお客様が望む物の順位が何なのか、意見を訊いてみたかったのです。

1人はもう3坪増えるとなると、もう1つ子供部屋かなと言いました。納戸に替ってもいい訳だからと。なるほどと思いました。

けど、もう1人の営業マンが面白い事を教えてくれました。

彼が以前あるお客様と話していた時の事です。こんな事を言われたそうです。

40坪内で収める事、子供部屋は2つ、1階の洗面とキッチンとの動線の間に、サンルーム兼家事室が欲しい。

もう1つあります。

2階ホールにファミリースペースを作って、カウンターを設けてほしい。

子供がそこで本を読むのもいいし、ニッチの本棚を作って書斎になってもいい。パソコンを開けるスペースが有って欲しいと。

なるほど。

そう思いました。

2階　平面図

1階　平面図

36坪は33坪プランに、プラス家事スペースと、2階ホールのファミリースペースとにする事に決めました。

前頁左の図がその1例になります。

1階の家事スペースと2階のファミリースペースとが設けられています。ただ、その他の間取りに大きな違いはありません。

これもほどなく、48通りのプランが完成しました。

39坪は簡単です。36坪そのままの仕様に、子供室をもう1つです。

間取り作りはゲームです。すっかり、そのゲームに没頭してしまいました。そして、まもなくこの48個の間取りも完成しました。

左の図が1例になります。

子供室が3室になっています。

これで、48個が4組、計192個のプラン集が完成しました。

前章でも触れましたが、1つ1つのプランの呼び方について、話しておきます。

上図は「39坪南間6・5別廊」とあります。

この場合17―39とある17は単なる順番です。39が39坪の大きさを示しています。

そして、次の南は建物の玄関が向いている方角です。敷地の接面道路の向きと言っても

いいでしょう。

次の間6・5は建物の間口の長さです。6・5m間口の建物と言う事になります。

そして最後の別廊と言うのは、和室とLDKとが繋がらず、階段が廊下階段だと言う事を示しています。

この場合、別廊、別L、接廊、接Lの4通りが有ります。

接Lと言うのは、和室とLDKとが接していて、階段がリビング階段だと言う事になります。

大きさで4通り、方角で4通り、間口で3通り、最後の別廊とかの分類で4通りです。

4×4×3×4は192個となる訳です。

間口の分類についてだけ、少し説明をしておきます。

間口9・0mと言うのは広い間口を代表しています。側面ではなく、前面後面より有効採光面積を確保しています。

別に10・0mでもいいし、8・0mであっても良かったのです。

ただ、150坪の田の両方に道路が有って2つに分ける時が有ります。この時の敷地の間口が11mくらいです。

建物の側面の空きを共に1・0mにすると、間口は9・0mになります。

次に、不動産の宅地分譲では、間口10・0mの物件をよく目にします。

この敷地で、片方の側面から有効採光を取りたい場合が有ります。

その場合、もう片方の側面の空きを1・0mにします。有効採光を確保したい側面は2・5mくらい空けたいものです。

10・0より1・0と2・5とをマイナスしてみます。残り6・5mと言う数字が出て来ます。

さらに時々、9・0mの間口の敷地が出てくる事が有ります。

この場合も考え方は同じです。側面の空きを同じにすると、建物の間口は5・5mになる訳です。

次にパーツと呼んでいるものの話をします。ＬＤＫの大きさは３・５ｍ×７・０ｍの14・82帖に統一しています。

ただ、30坪プランだけは、３・５ｍ×６・５ｍの13・76帖になっています。

統一と言う言葉は語弊があります。30坪〜40坪くらいのプランを考える上で、一般的な形をパーツとして考えている訳です。

Ｉ型キッチンの２５５０の大きさのものを設置します。袖壁なしで０・８ｍくらいの幅の通路を確保出来るのが３・５ｍです。

ただ、キッチン横の袖壁が欲しいと言われたり、もっと広いリビングを望まれたりする事もあります。

その時は、次の段階で３・75ｍなり４・０ｍにします。そして、２階も同時に大きくしていけば良い訳です。

最初から、別のパーツにしたりはしません。

あくまでも、建物の坪数に対して分相応のパーツを、一般的な形としてあります。

キッチンは３・５ｍ×２・25ｍのスペース。加熱器の部分を１・０ｍだけ全面壁、それに続く対面型キッチン用の腰壁です。

同様の考え方で、浴室と洗面は2・0m×3・5mのパーツにして有ります。

これは2・0m×1・8mの浴室部と2・0m×1・7mの洗面の組み合わせです。

このクラスの家で有れば、1618のユニットバスで充分でしょう。

洗面は1・7mの幅の面に入口を設ければ、2・0mの幅の面に900ないし1000の洗面ユニットと洗濯機とが並びます。

トイレの寸法は大半が1・75m×1・0mです。これも、1番一般的な形をとっています。

手洗いはロータンク型を標準にしています。1・0m幅なら壁埋め型も使えます。狭いと言われたら、そこで対応してください。

このパーツ1つ1つは全体からのバランスで考えられています。最初からこれを変えると、成り立たなくなります。

ポーチは一般的に2・0m×1・0mです。中に入って、玄関は2・0m×1・25m、ホールも2・0m×1・25mです。

そして和室は2種類に分けられます。

1つは階段下を押入にした、寸法のはっきりしたタイプです。3・0m×4・0mの7・26帖とか、3・0m×3・5mの6・35帖とかです。

もう1つは和室＋床の間、押入、仏間等が3・5m×3・5mとか3・5m×4・0mの寸法になっているものです。

後者の場合、後で同寸法の別のパーツと入れ替わる事が有ります。

この場合、奥行の3・5mは和室2・7mと床の間等0・8mとに分けています。

この一部に廊下からの出入り口がある時は、0・9m分だけ通路を設けます。

主に、5・5m間口の建物の時によくこのパーツを使います。

次に階段です。階段は1・0m幅で踏み面20㎝です。そして平面14段上がりです。蹴上げは15段です。

階高の設定はありませんが、3・0mなら20㎝の蹴上げ寸法と言う事です。パターンとしては（図B－階段）を参照してください。

これ以外の形も考えられますが、曲りが3段そして3段、と続くような事は原則避けていきたいと思います。

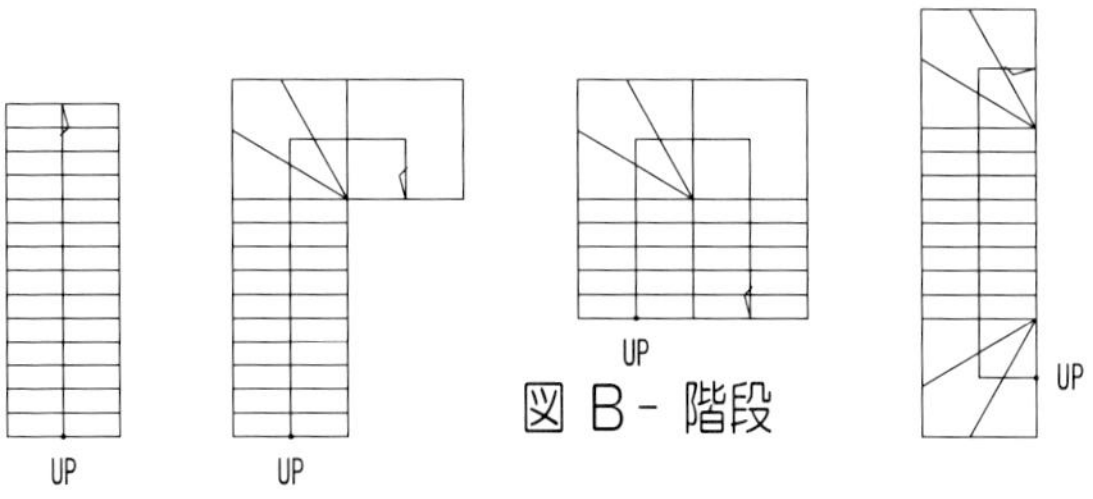

図B－階段

例外的に13段の場合もあります。

これは理由が有っての事です。お客様とよく話し合ってください。我慢の出来ない事なら、別の方策を講じなくてはなりません。

2階に移ります。

トイレからです。普通は1・0m×1・75mまたは1・0m×1・5mです。

寝室は7帖程度です。

3・0m×4・0m（7・26帖）か3・5m×3・5m（7・41帖）、3・5m×4・0m（8・47帖）とかになります。

バルコニーはポーチ玄関やキッチン以外の水廻りの上に乗るようにしています。通常は1・5m×2・0mくらいの大きさです。

それ以外の場所の上に乗る場合はサンルームとします。

サンルームやW《ウォーク》・I《イン》・C《クローゼット》は余白の場所を使い、大きさはバルコニーくらいです。

2階の間取りを考える時に、1番先に場所が決まるのは、勿論階段の下り口であるホールです。

ただ、大筋の場所の配置として、先ず決めなければならないのは子供室です。

3室の場合はその応用ですが、先ず2室セットのパーツを紹介します。

下図の（図A－1）の場合は3・5m×6・5mになっています。ここの部屋は3・5m×2・8mで5・92帖です。

間の収納部は0・9mの奥行きで、2・8＋0・9＋2・8＝6・5mとなっています。

収納は1・3m幅です。ここの部屋へ入る入口は0・9m×0・9mだから、1・3＋1・3＋0・9＝3・5となります。

収納の柱芯々1・3mは4枚折戸が取り付く最少寸法です。

もう1つの子供室2室のパーツは3・5m×7・0mの寸法です。次頁図（図A－2）

これも同様にして真中に1・0m奥行きの収納部と机スペースとを設けます。個々の部屋は変則的な形ですが、6・29帖と少し部屋が大きくなります。

この場合は1階LDKの寸法と全く同じなので、そのまま上に乗せます。

他、ホールとか通路とかは必要に応じて最小限に取っていきます。

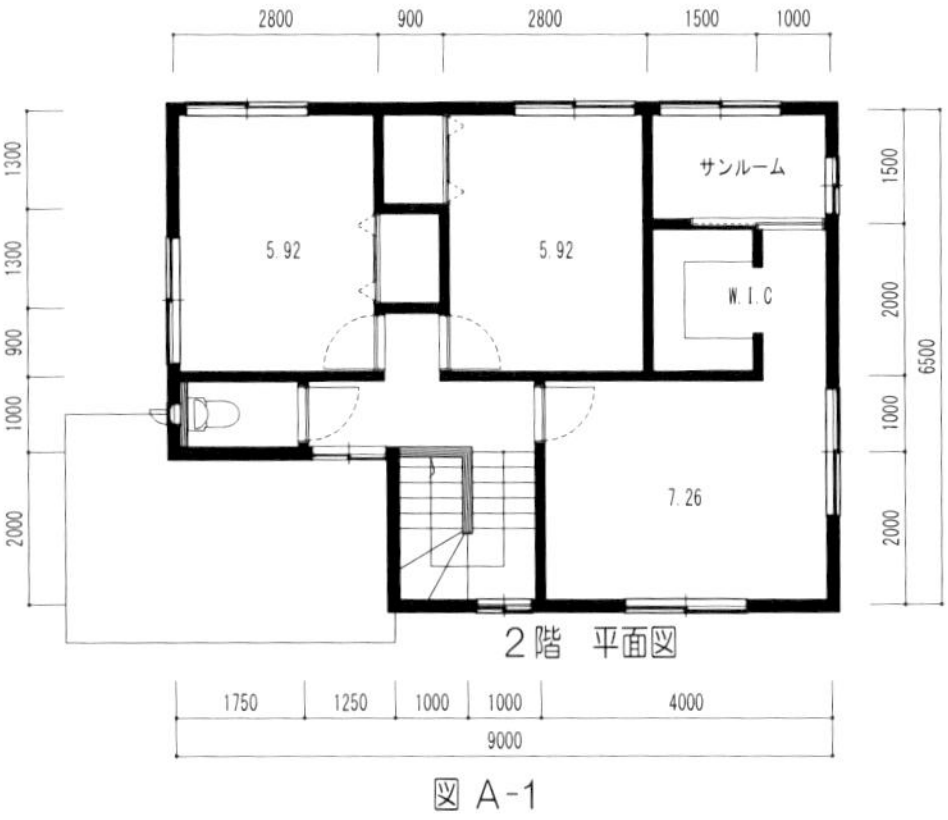

図 A-1

基本は先ずこれらのパーツの組み合わせから始めます。

本来なら、廊下部分もパーツになってしまえば完璧なゲームとなりえますが、そこまでは難しそうです。

あるお客様がいらっしゃいます。

予算と家族構成から、建てる住宅の大きさが先ず決まりました。

そして敷地の形状を聞き取ります。それに対してどんな配置で家を建てたいのかをヒアリングします。

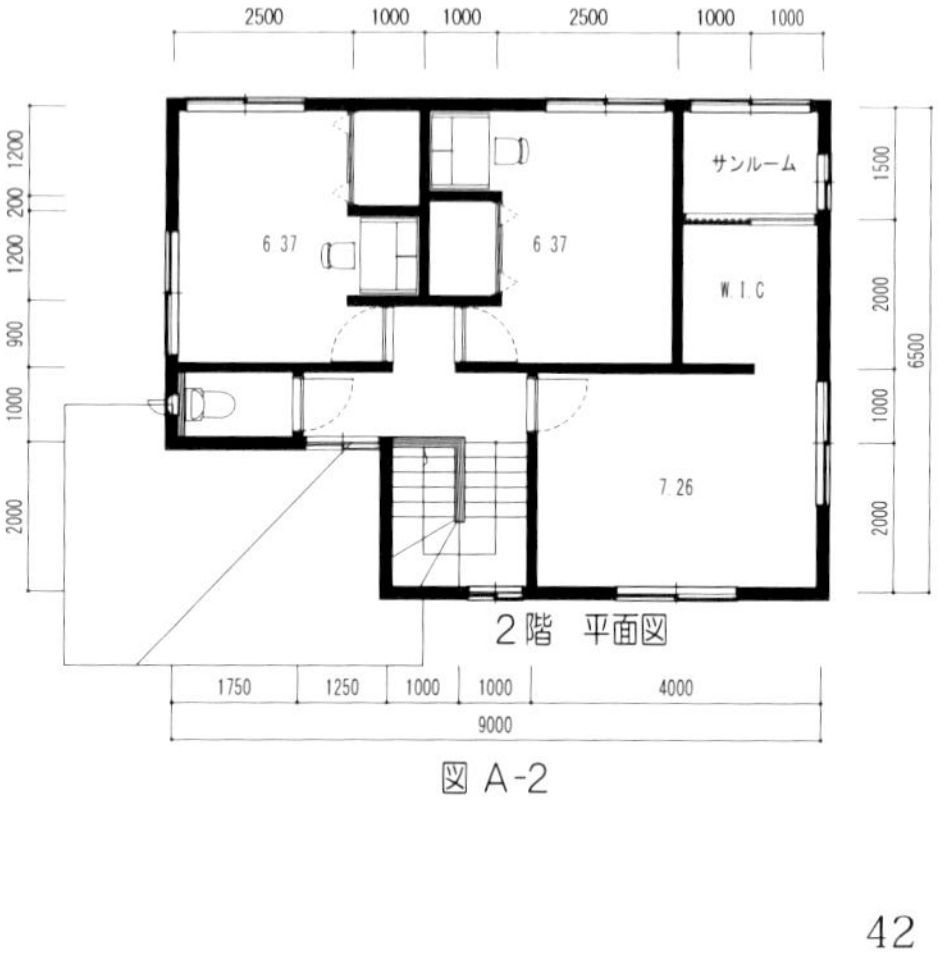

図 A-2

次に、リビング階段にするとか、ＬＤＫに続きの和室とか、サンルームではなくバルコニーだとか細かく注文を聞きとります。

するとそこには、絞られた間取りが必ず存在します。これが私の持論です。

ただし、同じように見えても、面積が１１２・０㎡で考える場合と、１１４・０㎡で考える場合とでは、間取りはかなり違います。

そこで、私自身のプラン集においては、面積に関しての制約を特に厳しくしました。例えば、33坪台のものは全てが111・75㎡から112・0㎡に収まっています。もう1㎡あれば良い間取りになる場合も有ります。でもそれは次の段階の話です。プラン集はお客様と今からプランを一緒に考えていくためのツールです。誰もが迷ってしまう問題を、凝縮して詰めてあります。

ライバル達の中から、早く頭1つ抜け出るために使います。

あくまでも、同じ条件を持つ人達への万人向けの叩き台なのです。点数で言えば80点までのものと考えて下さい。

そして、個々のお客様がそこで何を言われるのかはまだ分かりません。

その叩き台に対して、様々な要望が出てきた時からが本当の勝負です。そこからが設計の真価を問われる時なのです。

第5章からの実践編の中では、お客様からの無茶苦茶とも言える注文が出て来ます。

主人公の「彼」はそれに対して、快く請け負います。そして必ず、では2㎡くらいの面積増を認めて下さいとか言います。

許可をもらってから、最終プランを考えます。面積増無くして良いブランになるものなら、最初から出来ている筈です。

お客様からの指摘はほとんどが、最初のプレゼン時に気になっていた部分です。ある意味、お客様の個性と言うよりも、33坪で感じられた「彼」自身の不満です。考えようによっては、その不満を34坪台前半の最終プレゼンの中で、解消させている事が多いようです。

では、最初から最終プレゼンを持って行けば良いじゃないか。そう思われるかもしれません。

でも、それこそが、お客様参加の手作り感なのです。

お客様には、選んだメーカーに対して、求めている判断基準が有ります。

例えば、予算に絡んで、ローコストで有ると言うような場合もあります。そして会社本体への信頼性の場合もあるでしょう。

でも、窓口であるあなたに対しては、何を一番の基準として見ていると思いますか。

簡単です。

この人となら一緒にマイホーム造りを考えていけるかどうか。これなのです。

一生に1度かもしれないとても大きな買い物を、一緒に考えてくれるパートナーとして、本当に相応しい人なのかどうかです。

1回目のプレゼンとして80点くらいのもので的を外さずに、素早く持っていく事。自分の好みを決して押し付けない事。

そして、一緒に考えながら悩んで、最終的に90点以上のプランに持って行く事。

これこそが理想の住宅営業マンの形なのだと、私は考えています。

では、第1回目のプレゼンの後、お客様よりいくつか注文があったとします。

この場合の間取り上でのテクニックを、いくつか紹介して行きます。

勿論、実践編の中で取り上げて行く事ばかりなのですが、簡単に考え方を示します。

パーツの部で説明しています。

36坪、39坪のプランの中にだけ出てくる、３・５ｍ×３・５ｍの水廻りセットとでも呼ぶべき、パーツが有ります。

これは２・０ｍ×３・５ｍの洗面浴室セットに１・５ｍ×３・５ｍのサンルーム兼用家事室をくっつけたものです。

３・５ｍ×３・５ｍのパーツは例えば和室＋床の間、押入れ等とか他にもあります。つまり、大きな入れ替えが出来ます。

先述したように、家事動線が悪い時などに使います。

よくあるのはＬＤＫの前後ろの逆転です。これは多くの場合、他の要素と絡んできます。

リビングを南向きにしたいとは誰もが考えます。けど、プランでそうなっていない場合がよくあります。

これには必ず訳が有ります。

例えば、ホールや通路からＬＤＫに入ってくる場所が、キッチンになってしまう場合。

これは避けなくてはいけない事です。

また、キッチンの後ろに水廻りパーツ（２・０×３・５）が来ないで、リビングの後ろに来ている場合が有ります。

この場合も、必ずと言っていいほど、家事動線が悪いと指摘を受けます。

そして、ＬＤＫと和室とが接している場合も同じです。

和室がキッチンと接しているのは正常な形とは言えません。和室はリビングと接しているべきです。

キッチンから和室では、設計の主旨まで疑われてしまいます。

ただ、洗面の入口がキッチンにあるのと同じで、リビング階段をキッチンから上がるのはギリギリＯＫとします。

つまり、家族以外の人間が入る場合はほとんど無いからです。

ただ、子供の友達が来た場合はどうするかと言う事であれば、リビング階段自体を廊下階段にすべきでしょう。

ここで、６・５ｍ間口の場合によく使用するテクニックを１つ紹介します。

先ずＬＤＫの並びと水廻りセットの位置を本来一番理想的とされる場所に配置します。

そして、何か不都合が出てきたとします。

それは、ＬＤＫに入ってくる場所がキッチンであったり、ＬＤＫと和室が接する部分がキッチンだったりする場合です。

この場合、上下でＬＤＫのある３・５ｍの部分とそうではない３・０ｍの部分とに分けます。そして、少しずらしてみます。

通路からの入口がリビングに向かうとか、和室との接続開口がリビングに向かうとか、そうなる処までやってみます。

ケースバイケースですが、必ず確認してみてください。意外と簡単に、正解にたどり着く事が有ります。

わりに難しい変更の中に、階段があります。ずらしの後に階段の位置を１・０ｍ前後どちらかにずらしてみます。

場合によっては、トイレを部屋かホールかの間にこじ入れる事もあります。

上り口を少し下げたり前に出したりする事も、必要に応じて出てきます。

階段の下を通る事が出来るのは10段目からです。ただ、頻繁に使用する通路などの場合は11段目からの方が良いでしょう。

階段の上に部屋や通路を持ってくる場合は、3段目までにしてください。

本来、階段の上は吹き抜けの方がすっきりしています。けど、なかなかそうもいかない時があります。

東向きの間口5・5mの時、2階の東面に子供室を2つ並べる事があります。5・5÷2は2・75です。2・75m×3・5m、5・82帖の部屋が2つです。

この場合は収納を部屋の西側へ持って行きます。この時に階段の上り口側の、部屋の収納がネックになる事がよくあります。

大抵は北側の部屋なのですが、そのために図面が行き詰ってしまいます。

この時は思い切って、この部屋の収納を前面である東側に持ってきます。

キューブ型の外観にワンポイントのアクセントを付けます。実践編の中で出て来ます。

ああこの事かと分かるでしょう。

この場合、収納を持ってくる場所はポーチの上になります。

収納は1・0m×1・5mで充分です。

でも、ポーチの大きさに合わせて、1・0m×2・0メートルの大きさにしないと、外観がすっきりしません。

そして、その部屋の東側の窓も、０・75ｍの柱芯々間に収めなくてはいけません。

難しい問題です。ぜひ、説明の上、お客様の判断を仰いでください。

間口が６・５ｍの場合ですが、ＬＤＫ側は３・５ｍです。残りは３・０ｍです。

これは、水廻りの２ｍ＋廊下の１ｍとか、３・０ｍ幅の和室とかになります。

幅２・０ｍの玄関の処では１・０ｍ余ります。そこで、玄関脇にトイレを持ってくる事がよくあります。

この場合は、だいたい2階のトイレも同じ場所にしています。

そして玄関ポーチ上がバルコニーの場合などに、2階寝室のＷ《ウォーク》・Ｉ《イン》・Ｃ《クローゼット》等の絡みで、図面が行き詰ってしまう事が有ります。

この場合に、トイレの場所を玄関の反対に持って行く事を、考えて見て下さい。

意外とすっきりする場合がよくあります。勿論、1階2階のトイレを同時に動かします。

2階トイレの場所は気をつけて下さい。

下が玄関ホールとか居室で有ると言うのは、気持ちの良いものではありません。

そんな事は全然気にならないと言われる方もいらっしゃいます。けど、これくらいのことは縛りとして禁止すべきです。

私自身は、２階トイレの下は1階トイレか、キッチン以外の水廻りと決めています。

これは気持ちだけの問題ではありません。

トイレの1階の場所と2階の場所とが一緒の場合は、排水や配管がしやすく便利です。キッチン以外の水廻りの場合も訳が有ります。ユニットバスの天井点検口を通じて、メンテナンスがし易いのです。

例えば、どうしても2階のトイレを持ってきたい場所の下が、３・５m×３・５mの和室ユニットだったとします。

この場合は、１階で３・５m×３・５mの水廻りユニットと入れ替える事もあります。

バルコニーとサンルームとの違いを話しておきます。

このプラン集では、玄関ポーチの上やキッチン以外の水廻りの上でない場合は、バルコニーではなく、サンルームとしています。

この2つの大きな違いの1つは、床に防水が施されているかどうかです。

サンルームは床面積の算定に含まれます。つまり、家の中です。

床仕上げは、フローリング張りかＣＦシート貼りくらいでしょう。

そして、居室や廊下との間仕切りは木製建具です。アルミサッシではありません。多くはガラス面積の多い引き違い戸でしょう。

ただ、それだけの違いでしょうか。

将来防水が切れて雨漏りするかもしれません。そのために、居室の上に持ってこないと言う意見もあるのでしょう。

けど、それが最大の理由ではありません。

1番の理由は、床の高さを下げやすい場所かどうかと言う事です。

階下が玄関、ポーチ、洗面、浴室なら、構造材自体を10㎝なり15㎝なり下げる事が、比較的容易です。

そして、目いっぱいの天井高を要求される場所でもありません。

でも、和室とかLDKとか居室の場合は、そんな訳には行きません。

床を下げられないとどうなるか。

サッシの長戸からバルコニーに出る際に、サッシを跨ぐ事になります。あまり良い収まりとは言えません。

3・5m×3・5mの水廻りユニットは、いろいろな組み合わせ方ができます。

例えば、南向きや西向きの面に、1・5m×3・5mのサンルームを持って行く方が良いと思います。

この場合に気をつける事が有ります。

洗面から浴室への入口はガラス戸ですから、洗面に窓が無くても我慢できます。でも、浴室には必ず窓を設けてください。

この水廻りユニットの場合は、単に浴室洗面だけの組み合わせと違い、リビングから入る場合もありえます。

その場合に気をつける事が有ります。

先ずリビングからサンルームへ出ます。そこから、洗面脱衣室に入ると言う形にした方が良いと思います。

リビングから、いきなり洗面脱衣室と言う訳にはいかないでしょう。

以上、いろいろテクニックと言えるのかどうか分かりませんが、ヒントのようなものを紹介しました。

先述した通りプラン集は面積の縛りを厳密に重視しています。

そのために少し不満足な部分もあります。これは作成しながら分かっていました。

もう2㎡あればとか1㎡あればとか思いながら、その気持を無視してきました。

最終プレゼン作成の前には、お客様の不満や要望をじっくりと聞きます。その上でどのくらいの面積増で解決しそうか、即断します。

これは徐々に分かってきます。
そして、面積増の許可をいただきます。
そこでやっと、じっくり考える事が出来る訳です。
その場合、1番困難な問題から、手を付けて下さい。無駄足を踏まないコツです。
慣れるまでは試行錯誤するでしょう。
でも、いろんな方法でチャレンジして行って下さい。
1度乗り越えた難問は必ず次の機会のヒントになります。
自分の力を信じて、力いっぱい考えてみて下さい。それこそが力をつける早道です。

第3章

「間取りのディテール、外観他について」

この章では、間取り作りに関わる様々な事柄について、順番に説明して行きます。

それらは全部、間取りを作ったり、変化させたりしていく上で必要な事柄です。

先ず、営業マンとして住宅の建設を請け負うと言う事は、住宅と言う商品を売る事です。

つまり、営業マンとしての営業行為です。当然、しっかりした利益を上げていく事も重要な要素になります。

必要以上に利益をあげる必要はないのでしょうが。尤も、ライバル達の多い中、簡単に出来る事ではありませんが。

営業マンとして、ある程度の粗利を確保する事は重要です。

利益を度外視して物を売るのなら誰にでもできます。

自分が胸を張って出せるプレゼンに、お客様が割安感を持ってくれる事。そうしつつも、一定値以上の利益を確保する事。

そのしのぎあいなのです。

営業マンはいつも決断を迫られます。

プレゼンを出す以上は必ず、その原価を把握して下さい。

いつもと言うのは難しいですか。

でも、このプラン集に関しての積算ならば簡単です。

1度積算担当に積算を頼んでみてください。30坪台の4つの大きさについて、4通りきちっと原価の集計を作成してもらいます。大体の数字は分かるはずです。

これをエクセルに入れます。

そして、物件毎に数字の変わるサッシや建具、外壁や屋根材量の数字を入れ替えて行きます。すぐに正確な数字が出てきます。

その上で、自分なりの利益率や、会社の掲げる利益率の数字を乗せます。

つまり、自分としてのぎりぎりのラインを作っておく訳です。

駆け引きとして上乗せするのか、最初からネットの数字を示すのかは、その人その人の

やり方です。お任せします
一度きちっとした数字が出てしまうと、話が早くなります。

例えば2㎡くらいの増になったとします。じゃあ面積の増分の割合で金額を増やしましょうか、との話でまとまります。

この場合、新たに部屋や機器が増えたのでなければ、利益率は下がりません。

ギリギリの線で物件の価格の限界を知っているのと、知っていないのとでは、営業力の幅がかなり違ってきます。

最終的には上司の判断を仰ぐのかもしれません。でも、どうでしょう。

「多分、この数字まではいけると思いますが、1日だけ時間を下さい」

「一応帰った上で検討してみます」

この2つのセリフでは印象が全く違います。

それに、いつも会社に対して利益を出しているのです。次第に、会社からの信用も権限も大きくなっていきます。

今は、営業にもある程度のスピードが要求されます。

私がこの仕事を始めた頃、世の中はゆっくりしていました。

住宅のプランニングもそうです。グラフ用紙に清書して、活字だけ印を押したもののコピーでした。

ようやくプランが固まると、1週間くらいの時間をいただきます。そして、図面に取りかかりました。

平面詳細図2枚と立面図とに2日くらいかかりました。ドラフターを使っての手書きですから、仕方ありません。

そして、そこから積算になります。

木材の積算に最低1日を費やしました。そして、その他の積算にもう1日くらいかけると、大体の数字が掴める訳です。

馬鹿みたいな話ですが、毎回毎回そんな事を繰り返していました。

当時、田舎の大工さんは坪単価で請け負っていました。それに対して、そんな大雑把な事はしていないとの誇りを持っていました。

でも今考えてみると、何と愚かな事をしていたのだろうと思います。大工さん達の方がはるかに新しい事をしていた訳です。

後年ある会社の事を聞きました。それなりの規模を持った会社が、全ての住宅工事を坪単価で請け負っていると言うのです。

規模の小さな工務店ではありません。年間30棟以上はこなしている、その地域の中堅住宅メーカーでした。

ただ、請負だけなら、他にもそんな会社はあるのかもしれません。

感心させられたのは、請け負った後の下請業者への発注です。

これも、全て坪単価で行っていました。全ての業者への了解を徹底させていました。

大工さんや、瓦屋さん、そして基礎屋さん、電気屋さん、設備屋さんくらいは何とか分かります。

でも、建材屋さん、サッシ屋さんに至るまで、全ての業者に対してです。

最初、幼稚な事をしていると感じました。けど、みんなが納得してくれるのなら、絶対にこのほうがいい訳です。

会社として確保すべき粗利が25％なのか、30％なのかは分かりません。それだけを除いて、みんなに振り分ければいい訳です。

毎年1回くらいは、見直しみたいな事が有る様子でした。他業種に比較して不利だと感じた業者は、そこで直訴します。

これだと、元請けの利益は確実に上がります。見積りとかの事務作業も簡単です。

営業マンの仕事は、分類された坪単価で、受注するだけです。プランが有れば、いつでも価格を提示できます。

変更や増工事が有った場合に少しややこしそうでしたが、同じようにやるのでしょう。

そんなヒントのせいで、積算のエクセルを考えて見ました。これは拾い出しの集計から、原価＋粗利を出します。

ただし、スピードのあるものでなくてはなりません。業者に積算してもらって、集計するのでは駄目です。

項目はある程度細かくしてあります。単価だけを変えれば、誰でもが使える積算のソフトかもしれません。

例えば屋根材料の場合を考えます。㎡数、ノキ長さ、ツマ側の長さ、取り付け長さ、役物数などを拾い出します。

これは、積算だけでは終わりません。

工事が始まると、ネット原価と思える単価を掛けて、すぐに業者への発注書とします。

つまり、確実な原価です。そして、スピード化、事務の簡素化にもなっています。

厳密に拾っていけるものは全部拾います。

建材等の場合、ブラスターボード以外はそんなに難しくありません。内装のビニールクロスもすぐに慣れます。

外壁材がちょっとだけ大変かもしれません。

大筋は㎡数と同質出隅（コーナー部分）の長さです。他に、斜め部分である切妻割増とかもあります。これらについても事前に、業者と互いに納得出来る単価を作っておきます。

建具とサッシはいつも同じ物を使いがちです。頻度の多い物をそれなりの数、エクセルに揃えてください。

設備に関しては、工事費は規模に応じて3つくらいに分けておきます。業者に納得してもらいます。純粋な管材、工費だけです。

勿論浄化槽が有ったりする場合は、加算されます。設備機器は標準品を書いておきます。

電気設備も同じ考え方です。

照明器具なんかは原価で一括20万円とか、書いておけばいいと思います。変更の場合には割増金額が出てきます。

量販店の方が安いですよ。と言えば、お客様はそちらで買われるかもしれません。それでも良い訳です。

ただ木材だけはちょっと困りました。それで、簡易計算方式をとりました。

これは加工、運搬、金物とかの個別単価に、施工面積を掛けるようにしました。

ただし、野地板、床材等拾い出し出来る物は正確に数字を出します。

その後、完了した工事について、木材の数字を検証してみました。誤差は５％内でした。

木材、プレカットの金額の、全体に対する割合は、だいたい10％です。つまり、全体で言うと、０・５％内の誤差しかありません。

営業用の見積りはこれでいいと思います。そして、業者への発注もできる限り、この数字を使えばいいと思います。

こうやって出した数字に、決められた粗利を乗せたものが、見積りになります。

営業マンとすれば、絶えずこの原価を頭の中に置いておく事が大切です。

原価が頭の中にあれば、少しでも無駄なものを排除していけます。

ライバル達に打ち勝って行ける。より良いプレゼンが出来る。そう信じて下さい。

次に、モデュール寸法についての説明をします。このプラン集や間取り学では、メーターモデュールを採用しています。

私自身、以前はずっと尺モデュールでプランを考えていました。

尺には、京間とか越前間とか特殊なモデュールもあります。私の場合はこの中の、３尺が０・91㎜の関東間の尺です。

尺とメーターを考えると、どちらにも長所短所が有ります。

ただ今回の場合、特にこのプラン集のように、ほとんどが大壁です。30坪台が中心の場合、廊下、階段、トイレの幅が1・0mの方が、0・91mの場合よりゆったりしています。

だからここでは、メーターモデュールを採用しました。

この事は、実践編の33坪の9・0m間口の際にも、実例から説明をしています。

たとえば、尺モデュールの場合でも、階段廊下やトイレの幅を3・75尺にすればいけるのかもしれません。

でも、30坪台のプランだと言う事の効率を考えると、やはり面積の無駄が出ます。メーターモデュールにせざるを得ません。

30年くらい前までは、上棟前の構造材と言うのは大工さんが墨付けをしていました。そして、それを丹念に刻んでいました。

当時は大工さんの馴染んだ尺の寸法に任せるのが主流だった訳です。

でも、今は違います。プレカットによる機械加工です。

10センチ刻みくらいの寸法は、当たり前のように入力されます。そして、簡単にプレカットされた加工木材が出てきます。

今、ここで考えるような住宅に関わる大工さんは昔と違います。ほとんど造作大工さんになってしまいました。

この間取り学の中には、ここだけのユニットが有ります。

1・0m×1・75mのトイレ。2・0m×3・5mの洗面と、浴室の組み合わせ。3・5m×3・5mの水廻りユニットなどがそれに当たります。

これらは、メーターモデュールならではの産物です。

そして子供室2室の組み合わせの3・5m×6・5mユニットもそうです。

真ん中の収納による間仕切り寸法の収納＋収納＋入口は、1・3m＋1・3m＋0・9mにしてあります。

これはメーターモデュールだから出来る、数字の組み合わせです。

ただし、人の好みはいろいろです。

LDKの幅が3・5mである事が、少し狭いと言われるお客様もいらっしゃいます。

この場合は気を付けて下さい。

I型の2550のキッチンのサイドにサイドパネルではなく、袖壁をつけたい訳です。

ところが、そうすると通路がとても狭くなります。

この時に、簡単に3・6mにするとか、3・7mにするとかは困ります。こんな場合は

３・75ｍにするか４・０ｍにして下さい。

昔、木材はその体積を石数と呼びました。

石数の計算では、例えば12尺では短くて、13尺と書いてある場合は、13・５尺として計算しました。

モデュール寸法の半分、そして4分の1と行くべきなのです。歩留《ぶどま》りを考慮した寸法を用いて下さい。

次に間取りと外観との関連を話します。

プラン集にはどれも、外観を付けてあります。これは、無難な形にしてあります。

よほど特異な外観を求められた場合は、そんなプランを別に考えます。

一般には、南欧調と言われても、ジャパニーズモダーンと言われても、大丈夫です。

無難な形にしてあれば、外装のコーディネイトの段階で、ある程度の対応はできます。

昔の建物は違いました。

和風の建物の場合、いつも下屋《げや》とのバランスを考えながら、間取りを作りました。入母屋《いりもや》の場合も、寄《よ》せ棟《むね》の場合もそうでした。

ただ、これらの建物の善し悪しとは別に、バランス的には最低60坪くらいの施工面積がないと形にはなりません。

今の30坪台のような場合は、当然単純なパターンになります。

玄関ポーチの上は下屋にするとか、前後の切妻《きりづま》なら2段屋根にするとかになります。

6・5mとか5・5mとかの間口なら、普通両側面への勾配屋根です。切妻でも、尻掛《しりか》けでも、それなりの形にはなります。

9・0mの間口の場合は、前後ろ勾配の切妻あたりが無難な処です。

南面した場合、玄関とポーチとの上にバルコニーを持って来るのは、よく使われるパターンです。

デザイン的には、ポイントになりやすいと思います。

バルコニーやポーチ部分には、石調やタイル調の、少し高級感のあるサイディングを使用します。

逆に建物が北向きだと、外観は単調になりやすいのが普通です。

後ろは南面でいくらか空ける。前も駐車スペースで空けると言うように、非効率的です。

こんな時、屋根を見せずにキューブ式にする事が有ります。前面、側面の3面をパラペットにして屋根を見せません。

北側なので採光のための開口をあまり取らない事も、その理由です。

5・5m間口で東向きの時、子供室を東向きにするため、これも外観をキューブ式にする事が有ります。

ポーチは片方の子供室の下で、1・0m入り組んでいます。

前章で紹介したプランの中に有りましたが、東向きの5・5m間口の時に、片方の部屋の収納を、ポーチの上にする事があります。

これは2・0mの幅でないとワンポイントになりませんが、子供部屋の収納としては大き過ぎます。

肝心の東向きの窓が、幅狭のものしか取れません。難しい処です。

その他に、3・5m幅のリビングの前面の中心に、6尺幅の長戸サッシが来ている場合が有ります。

この場合に1・65㎜幅のサッシを使うと、両袖壁が耐力壁に有効な長さの0・9㎜になりません。

サッシの幅を詰めるのか、サッシを一方に寄せるかしなくてはなりません。耐力壁をある程度確保する事は大切な事です。

ただ、こんな場合に1階を片方に寄せたら、2階も同じように寄せて下さい。外観のバランスのためです。

長期優良住宅などに関連する、耐力壁についても、少しだけ言及しておきます。間取り的に耐震等級が高い間取り等と言う物はありません。でも、1階2階の壁の配置のバランスが揃っている事は重要な事です。

耐力壁の配置のバランスは、縦横4分割してみてください。

そして、少ない個所の片引きを止めてドアにするとかの配慮をしながら、間取りを修正して下さい。

ここはどうしても片引きにして欲しいと言う事であれば、その時は耐力壁が短くなる事を告げて下さい。

その上で間取りを決めていきます。内部建具の形状は、耐震等級や耐風等級のチェックに関わります。

早い時期に建具のチェックをかけた方が後々楽です。水廻りの家事動線等との絡みもあります。

内部建具と言うのは、間取りとの関連が意外に多いものです。

間取りのディテールについての話をします。初めて、メーターモデュールの建物に入った時の事です。

これはどこかのモデルハウスだったと思います。何か広々としていると言うよりも間延びしていると感じました。

これはその建物だけのせいです。メーターモデュールそのもののせいではありません。

その建物の設計自体に、機微が不足していたのだと思います。

例えば、尺モデュールだと、浴室は１６１６タイプが基本です。これは柱芯々が１・82m×１・82mの寸法の中に収まります。

これを２・０m×２・０mの中に収めた１８１８タイプと言うのが有ります。これを初めて見た感じと同じでした。

ただメリハリもなく、大きくしただけなのです。何でもかんでも広ければいいと言うものではありません。

無駄に広い部分も施工面積なのです。

同じ事が洗面にも言えます。洗面キャビや洗濯機を並べる間口は２・０mあった方が良いと思います。

その場合は７５０幅ではなく、９００幅や１０００幅の洗面キャビが置けます。

でも、奥行きに２・０mの寸法が必要とは思えません。

これらは、尺モデュールで書いた時の１８２０の寸法を、２０００に置き換えただけです。そんな図面の建物を作った訳です。

例えば尺モデュールを経験した人が、30坪の間取りと言ったものを頭に浮かべます。

そしてそのまま、その寸法の1820を2000に置き換えたとします。

面積はだいたい1・2倍になります。30坪の1・2倍なら36坪です。

今ここで出てくるプラン集の、36坪のコンセプトを考えて見て下さい。

LDK、1階和室以外に、1階サンルーム＋洗面＋浴室のユニット、2階寝室＋W《ウォーク》・I《イン》・C《クローゼット》、子供室×2、トイレ、バルコニー。

そしてホールのファミリースペースです。

尺モデュールの考え方で30坪のプランを考えていても、このような機微の有る図面には到達しません。

洗面＋浴室の1・7＋1・8＝3・5の寸法。子供室の収納＋収納＋入口の1・3＋1・3＋0・9＝3・5の寸法。

これらは、ちゃんと基本のユニット寸法を守っています。

メリハリをはっきりさせてあります。無駄なスペースを削ぎ落としたプランを、心掛けて行くのがここでの狙いです。

次に応用の話です。このプラン集は全ての人向けではありません。

8割くらいの人に対応するためのものです。これで全ての人の要望に、フォロー出来るとは思っていません。

ですから、この中のプランだけを見て、簡単に判断されるのは困ります。

1階の和室は畳コーナーで良いのにとか。2階子供室は2室で良いけど、寝室の隣にプライベートリビングが欲しいとか。

だから、このプラン集は使えない。簡単に、そう言わないで下さい。

畳コーナーの場合は、リビング和室の接しているプランを少し変えて下さい。リビングを広げて、一部を畳コーナーにすれば良いと思います。

プライベートリビングの場合は、子供室3室のプランを使います。寝室に隣接している子供室をそれ用に変えれば良い訳です。

それが応用です。

応用と言う事になると、まだまだ話が出てきます。

例えば、ここではトイレの基本形は1・0m×1・75mです。手洗いはロータンク式でも良いし、壁埋めでもギリギリセーフです。

ただ、それでもトイレが貧弱だと言われる方はいらっしゃるでしょう。この場合の応用を考えて見ます。

隣が階段だったら、手洗いスペースの分をそちらに割り込まして見て下さい。大半は手洗いスペースが原因しています。

また、２階で一方が子供室の収納だとします。その収納の奥行きを０・８ｍにして、トイレの幅を１・２ｍにします。

子供室の収納と言うのは、和室の押入とは違います。

布団や座布団を収納するものではありません。０・８ｍの奥行きが有れば充分です。

尤も、和室の押入れの奥行きを、０・８ｍにしている場合も有ります。

もう1つあるのが浴室です。私自身はこのクラスの住宅の場合は、１６１８タイプのユニットバスが相応だと思っています。

ただ、水廻りに対してのこだわりは、人によって様々です。

ここは絶対に尊重すべき箇所です。

２・０ｍ×３・５ｍの洗面ユニットは、１６１８タイプのユニットバスを前提にしたものです。

このユニット寸法に対して、どうしても１６２０タイプのユニットバスを設置したいと、言われました。

その場合、隣接したキッチンの方へ、１・８ｍ分だけ０・２ｍ食い込ませて下さい。

そこを０・45ｍ奥行きのキッチン収納にすれば、冷蔵庫の前面と同じくらいの前面になります。

キッチンは柱芯々2・25ｍの奥行きです。流し台奥行きを650としてみれば、まだ0・8ｍ弱の通路が確保出来ます。

あと、細かい話をします。

階段の上がり口付近の上に床が有る場合があります。この場合の限界は下から3段目です。4段目以上の上の床は困ります。

この場合、上がる時はさほど感じませんが、下りる時に頭がぶつかりそうな気がします。

本来なら、階段の上と言うのは全部吹抜けになっていた方が、圧迫感がなくて良いと思います。

話のついでです。吹抜けの事を述べておきます。このプラン集に、吹抜けは1つも出てきません。

時々、吹抜けが好きです。と話される方がいらっしゃいます。

けど、普通の吹抜けと言うのは、メーカー側は、施工面積として計算しています。（建築基準法上の床面積ではありません）

このプラン集は、少しでも無駄なスペースを削ろうとしています。わざわざそんな部分を作るなんて事はありえません。

ただし、インナーガレージとかの段差のある場合に、床を作っても役に立たないスペースが生まれる事が有ります。

そんな時、屋根なりに斜めに上がっていく天井部分をわざと吹抜けにする事が有ります。

ただ、今話をしているプラン集に、そんな図面は含まれません。

また、階段を上がった2階ホールはなるべく空気が澱まないように、2方向の窓を設置するようにします。

この場合、夏は網戸にしておけば、風が抜けて行くので省エネになります。空気が行き詰った感じにならないための配慮です。

別に風水とかを考慮した訳ではありません。

尤も、私自身は別に風水を否定したりする主義ではありません。

お客様から、風水の事も考慮してくれと持ちかけられたら、それも踏まえたプラン作りをします。

ただ、その前にもっと気をつけている事が有ります。

例えば玄関や座敷の上に2階トイレを持ってこないとか、息の詰まりそうな間取りは作らないとか、自分なりの枷があります。

バルコニーの下は、玄関ポーチかキッチン以外の水廻りと言うのもそうです。

玄関から、トイレや洗面の入口戸が見えない事。子供室は東向きで、寝室とバルコニーは南向きとか。いろいろとあります。

先ず、それを守ったプレゼンにしようと、いつも心がけています。

その上で、お客様の要望を全てクリアーさせたプラン。これこそが、最上のプランだと信じています。

第4章

「実践編の前に」

主人公は40代、２級建築士の資格を持つ住宅営業マンです。

地方の住宅会社に勤めています。

年間20棟から30棟くらいの棟数を手掛ける会社です。人口10万人くらいの地方都市を営業基盤にしています。

この会社は、とある住宅メーカーのフランチャイズに加盟しています。事務所の横には、モデルハウスが有ります。

時々イベントが催されます。主に、モデルハウスに来客された人々を接客する事から、営業が始まって行きます。

飛び込みのセールスとかはしていません。

ただ、似たようなライバル会社が市内には何件かあります。持ち込まれる案件は、ほとんどが競合物件です。

県庁所在地である人口40万人くらいの都市も、通勤圏です。きちっとした営業力さえあれば、それなりの受注は見込めます。

来客されるお客様には、会社で用意したアンケート用紙をお渡しします。皆さん、割と簡単に応じてくれます。

若い夫婦が多いからでしょう。大抵は4社か5社の競合です。そこからのスタートになっています。

会社のある場所は、この街の要衝とも言える処です。月の来客の数が20組を下回る事はありません。

営業マンは4人います。来客が有ると、手のあいた者が順番に接客しています。

それ以外に、以前のお客様からの紹介や、自分独自の営業による場合も有ります。

新築物件は広告を打って、内見会をする事があります。ここも、営業のチャンスです。

平均すると、営業マンは毎月新規のお客様3、4組に接している事になります。

主人公の「彼」は3年前、この会社に途中入社しました。そして、自分の物件の設計と営業とを兼務しています。

この会社には他に、1級建築士が管理建築士としています。

ただ、RCや鉄骨とか、木造住宅以外の工事に関わっています。木造住宅は、あまり得意ではないようです。

「彼」が営業の仕事を兼務して、1年半が経ちました。この会社での営業マンとしてのスタイルが出来てきました。

当初より1月《ひとつき》に1棟の受注を目標にしてきました。最近になって、その線はどうにかクリアーさせるようになっています。

この「彼」の営業は、設計をしながらです。そして利益率を一定に保っています。会社への貢献度は売上以上に断トツです。

目下の処、その割に給料も上がりません。内心、少し不満もある処です。

ただ、仕事自体は生き甲斐みたいです。

住宅の間取りとの格闘みたいな事が大好きなのでしょう。お客様に接すると、「彼」独自のスイッチが入ります。

この主人公である「彼」は、お客様がレベルの低いプランで家を建てる事が嫌いです。

この会社には、住宅に関しての専属の設計士は誰もいません。

フランチャイズ契約しているメーカーからは、定期的にプラン集が送られてきます。

社長が、ここのセミナーにどっぷりと嵌っています。

このセミナーでは、現場監督と建築確認事務の出来るCADオペレーターさえいれば、設計の専属は必要ないと言っています。

プラン集とその応用だけで、対応できると言うのです。

「彼」は驚きました。プラン集自体はそんなレベルのものではありません。

営業マンは、みんなそのセミナーに1度は参加します。

例えば営業マンが見積りできるような、マニュアルが有ります。

これには施工面積の単価、下屋割増しの単価などがあります。それの掛け算足し算で合計の数字を出していきます。

こんな事が有ったそうです。

ある若い営業マンが、プラン集からの間取りをお客様に勧めていました。少しだけ値段が合いません。

お客様は2階を少し小さくしてもいいから、何とか予算内で収めて欲しいと言われました。

すると、その理由だけのために、総2階になっている面の2階だけを0・5mバックさせたのです。

この部分の階下はリビングでした。４・０ｍのスパンで、０・５ｍだけの下屋が意味もなく出来てしまいました。

主人公の「彼」の、入社する少し前の事でした。誰もそれがしてはいけない事だとは気付かなかったそうです。

図面を作成するのはＣＡＤに慣れた女の子ですが、彼女にチェックする権限も能力もありません。

これだと、１番可哀そうなのはその家を建てたお客様と言う事になります。

見た目は、同じ設備機器、同じレベルの外装材、そして同じサッシや木製建具です。メーカーらしい図面や仕様書で、ひどいレベルの家が建てられる事も有る訳です。その事を同僚の１人から聴きました。

その事を知ってから、出来る限り人の図面も覗くようにしました。普段は黙っていますが、見るに見かねた時は口出しします。

この会社でお客様と接しているうちに、面白い事に気付きました。

来客されるお客様の８割くらいが、同じような家を望んでいる気がするのです。勿論分類は出来ますが。

例えば、初対面で和やかな雰囲気になります。じゃあうちの会社もプレゼンに参加させていただけますか、と尋ねます。

ＯＫが出ると、土地の現地調査の許可をもらいます。

そこから、具体的な聴き取りに入ります。

先ず、予算を尋ねます。建物の大きさの希望を聞くと、大抵は36坪～37坪くらいと言われます。

部屋について訊いて行きます。

1階です。ＬＤＫは対面キッチンにして。こう言われます。そして、水廻りがあって、6帖くらいの和室を1つ希望されます。

2階に行きます。7帖くらいの寝室はＷ《ウォーク》・Ｉ《イン》・Ｃ《クローゼット》付です。6帖くらいの収納付の子供室が2つ。そしてバルコニーと2階にもトイレ。

8割くらいの人達がこう言われます。

勿論、リビング階段かどうかとか、和室はＬＤＫと離して欲しいとか。全く同じではありません。

でも、何か分類出来そうなのです。

この主人公の「彼」は酒も煙草もやりません。いたって無趣味です。

ただ、自分でゲームみたいなものを考え出して、のめり込んで行く処が有ります。

例えば、ナンバープレースに凝った時が有りました。すると本の難問に飽き足らず、自分で超難問を作り出します。

そして、自分にしか解き方の分からない問題を作りながら、投稿もしません。

1人悦に入っています。これは一種の病気であって、「彼」自身の麻薬です。

この時も、そんな匂いを感じました。

1年くらい前の、ここの営業の仕事が型に嵌ってきた辺りの事です。自分でこの分類にチャレンジする事にしました。

仕事の時間ではありません。帰ってからとか休日とかの時間です。グラフ用紙に分類されたプランをフリーハンドで書き続けました。

最初は30坪で考えようとしました。

でも、少し窮屈です。それで、33坪にしてみました。分類をしながらプラン作りに没頭していきます。

ここで言う33坪とは、34坪未満の33坪台と言う事です。ほとんど0・25㎡内の誤差しか認めていません。

自分で作っていくゲームです。傍から見れば、勝手にすればと言った処です。

お客様の要望として必要な部屋を確認します。まず、1階には、LDKです。15帖くらいを目安にすれば良い事が分かりました。

そして、ほとんどの奥様は対面型キッチンを希望されました。

プランとしては対面型だけにすることにしました。

仮に、セパレーツ型であっても、アイランド型であったとしても、対面型ならすぐに応用が効きます。

1階にはあと洗面、浴室、トイレ等の水廻りが必要です。そして、6帖程度の和室を、ほとんどの人が望まれました。

畳コーナーと言う声を聞く事もありましたが、それは畳コーナーでも良いと言うような消極的な声です。

プランとしては和室を取り入れました。

そして2階には、W《ウォーク》・I《イン》・C《クローゼット》の付いた7帖くらいの寝室が必要です。

次に6帖くらいの収納付の子供室が2室と言われます。

また2階にもトイレが必要です。そして必ず最後に言われます。出来るものなら、バルコニーかサンルームを南向きに欲しいと。

「けど、自分達の予算じゃ無理かな。これじゃ、40坪を超えてしまうかな」

最後にこう付け加えられます。

本当に皆さん同じです。

でも、どうでしょう。40坪を超えるどころではありません。

この主人公の「彼」はこれを30坪に収めようとしました。けど、ちょっと窮屈なのでゆとりを持たせて、33坪を選択しました。

プラン集の章で説明したので、細かい分類についての説明は割愛します。

1月くらいすると、48通りの間取りを作り上げてしまいました。

「彼」にとって、これはゲームです。終わってしまったら面白くありません。次に進みたいのです。

やはり、最初後回しにした30坪です。

予算が厳しくても、これだけの要望の部屋数を並べる人は必ずいます。これが次の30坪に取り掛かる理由でした。

1月ほどするとこれも48通りの間取りを完成させてしまいました。

3坪ずつ増えれば、次は36坪です。

36坪は33坪プランに1階家事スペースと2階ホールのファミリースペースとをプラスする事に決まりました。

これも1月で完成しました。

39坪は簡単です。36坪そのままの仕様に、子供室をもう1つと言う事になります。「彼」はまた、そのゲームに没頭します。すぐに、フリーハンドでグラフ用紙に描いた、48個の間取りは完成しました。

何となくする事がなくなって淋しい思いをしている「彼」は、おかしな事に気付きます。

プラン作りの能力が、格段に上がってしまったのです。

おかしなものです。

いつのまにか、時々同僚達のラフプランを作ってやる事になっていました。職場の空気が良くなりました。

そのために、特別忙しくなった訳じゃ無いのです。何故なら作成したプラン集のどこかに当てはまります。

自ずと同僚達の聴き取りまでが、落ちの無いものになって行きました。同僚のプランの変更に対する対応も早くなりました。

間取り学とでも呼べる方法論、そんなものが有りえる気がしました。そして、その対応こそが大切なのだと「彼」は気付きました。

「彼」の接客の懐が深くなっていきます。いくつかプレゼンを繰り返していくうちに、段々自分なりの形が出来ました。

先ずお客様に対しての余裕が出てきました。ゆとりを持ってごく自然に、本題に入る事が出来るようになっています。

「彼」は、お客様に対して思っています。

自分の会社がお客様の家を建てさせてもらう。これが、お客様にとって最善なのかどうかは分かりません。

ただ、他の人が作る間取りで家を作るよりも、自分の間取りの家の方がいいだろう。あらゆる面で効率が良い筈です。お客様の要望が、きっちり反映されたものになる自信があるのです。

他のメーカーで建てると「彼」の作った間取りではありません。自分の処で建てさせてもらえる方が、お客様のためになる。

面白い自信です。

「彼」の会社は悪い会社ではありません。耐震のチェックも絶えず行っています。地盤保証もしています。

良心的な、どちらかと言えばローコスト住宅。これがこの辺りのメーカーの中での、位置づけだと思います。

1円でも安い処と言う、お客様でなければ、充分戦っていける会社です。

セミナーを主催するフランチャイズメーカーを経由する設備機器や外装材は、魅力的な価格で仕入れができます。

プランさえしっかりさせれば、もっとグレードの高いメーカーとも競争していけます。

「彼」はお客様の初訪で世間話の後に、こんな切り出しをします。

今日は何件くらい廻られる予定ですか。

その上で、こう付け加えます。

やはり、いろいろ廻られた方が、いいですよ。こういった場合は、普通4社か5社くらいを廻ってみるものですよ。

「彼」の会社の社長は、これを聞くと嫌な顔をします。

意外に感じたお客様は、この後どうして行けば良いのかを「彼」に尋ねます。

1回目のプレゼンが出て説明を聞いたら、2、3社くらいに絞った方がいいですよ。

それまでに、感性が合うかとか、予算的に無理かとか、大体分かりますから。

普通はそう言います。

徐々に自分の土俵を作っていきます。

自分の会社については、プレゼン的にも予算的にも、1つの基準値を出す会社だと伝えておきます。

これは本当の事なので、口癖にしています。

すぐに建てられる訳ではないお客様に対しても同じです。その時には、是非プレゼンに参加させて下さいとお願いします。

ヒアリングに入れたら、「彼」のペースです。

お客様は、自分達の家のローンが組めるとなれば、1日も早くどんな住宅が建てられるのか知りたいものです。

「彼」は次の日曜に最初のプレゼンを前にして話をする提案をします。そして、日曜のアポを取ってしまいます。

そして、土地の現地調査を、次の日に行う許可をもらいます。

木曜辺りにプレゼンを届けるので、日曜までゆっくり見て欲しいと伝えます。

例のプラン集があるのです。お客様の要望に応えて、土地の形状に合っているプレゼンはすぐに作成できます。

そして、次の日の朝、土地の現地調査に向かいます。

午後になって、机に向かうとすぐにプラン集を出します。予算と要望より30坪台なら、どの坪数なのかの答がすぐに出ます。

そして土地の形状と前面の方位、そして和室とリビングとの並び、リビング階段かどうかを選択します。

自動的に間取りが絞られます。

80点くらいを目指すプレゼンと言っても、少しくらいの手直しは必要です。

確答のプランをじっくりと眺めます。そしてもう1回、グラフ用紙にフリーハンドで書き込んでいきます。

それによって、別の事柄が見えてくる事があるのです。

それが終わったら、ＣＡＤオペレーターの女の子に渡して、平面と外観パースを作成してもらいます。

これで少しの手直しが有ったとしても、木曜日には必ず、1回目のプレゼンを届ける事ができます。

夕方に、奥様が在宅の時間に届ける事にしています。玄関先で日曜の時間の再確認をします。図面の要点も伝えます。

日曜日に、そのお客様が来社されます。

世間話の後に競合の話になります。何社が参加していて、何社が今日のプレゼンに間に合うとか。そうやって話されるのを聞きます。

木曜に届けた「彼」のプレゼンの話になります。まだ、よそのプランをよく見ていらっしゃらないようです。

プレゼンとは、これくらいのレベルのものとしての、基準値が出来掛けている筈です。

「彼」は感想を聴きます。

お客様にすれば、まあまあと言ったところでしょう。比較が無い訳ですから、こんなものなのかと思っている筈です。

このプレゼンに対する不満と言うか、こうあって欲しいと思う処を、全部言ってもらえませんか。

「彼」は必ずこう言います。

最初お客様は、それにしても予算もある事だからと、控えめに話されます。けど、だんだん大胆になられます。いろんな要望を出してくれます。一見すると、絶対無理だろうと言った事まで出て来ます。

「彼」は冷静に1つ1つ分析しながら、メモを取っていきます。

すると、面白いものです。

お客様の要望に対する解答より先に分かる事が有ります。

マイホームに対して、1番何を優先しているのか。そして、マイホーム建設に2人を駆り立てている動機づけとは何なのか。

それらが次第に見えて来ます。

ほとんどの事を聴き終えた後、「彼」はゆっくり尋ねます。

じゃあ、これらをクリアーさせるために、少しだけ施工面積を増やしても宜しいでしょうか。見積りも少し増えます。

これは大抵の場合、2㎡くらいです。階段とかを移動させる場合は、1階2階ともになりますから、4㎡くらいになります。

「彼」のプランは他社のプレゼンに比べると、3坪くらい施工面積が節約されています。意味を持たない場所を完全に省いてあります。だから、1坪内外の面積増はだいたい認めてもらえます。

そして、修正プランは1週間あれば何とかなりますと言います。ついでに、必ず次の日曜のアポも取ってしまいます。

そこまでがいつものパターンです。けど、実際の勝負はここからなのです。

1回目に作成したプランは、だいたい80点くらいのレベルです。よその会社もこの程度のものは持って来る筈です。

この段階でのお客様の要望に、どのくらい適確に応えられるのか。これこそが「彼」の真骨頂なのです。

「彼」は、いつも思っています。

ここからのプレゼンで、満足度90点を取らなければ、よそに負けてしまいます。

１００点満点と言うのはあり得ません。ここで何とか90点を確保して、次の段階に進みたいのです。

話が95点まで進んだら、それは契約までいけると言う事です。

契約まで行ったとして、その後もプランは進化します。

最終的に97点とか、98点とかの満足度を、お客様が感じて下さればいい。これが「彼」の信条です。

「彼」にとっては、この手直しからが、本当の意味のゲームになります。

難問であればある程、気持が奮い立ってきます。無味乾燥なナンプレの問題作りとは違います。

これを解答する事は、確実にお客様のためになる事と信じています。

受注は結果です。

自分のプランで満足していただけるのなら、よその会社で使ってもらってもいい。

時々、こんな事を考えてしまいます。

ただし、答を探している楽しさだけは、誰にも譲りたくありません。

間取り学の章の中で述べてきた、いろんなテクニックを駆使します。最終的には、ほとんど完璧に近い解答を導き出します。

これは、「彼」自身の中に必ず解答にたどり着くと言う信念が有るからです。

どんなに無茶苦茶な事を言われても引き受けます。何とかなると言う気持ちが有る間は、何とかなって行くものです。

事実、これまでもそんなパターンを続けてきていました。

勿論、だからと言って全てが、受注に結びついた訳ではありません。おそらく3分の1くらいでしょう。

けど、「彼」にすれば、1つ1つの問題は完結しています。そして新しい資料が増えていけば、それはそれで良い訳です。

考え始めると1日くらいの間に、必ず解答が出てきます。そしてもう1度ゆっくりと要望書、アンケート用紙を見直して、落しが無いのか確認していきます。

大丈夫だと分かったら、CADオペレーターの処に持って行きます。そして、最終プレゼンを作ってもらいます。

出来たものを眺めながらもう1度チェックを入れます。納得が出来なかったら、もう1度作り直してもらいます。

出来上がったものを木曜に届けておくのか、日曜に見てもらうのかは、ケースバイケースです。

ライバル達の出方にもよります。ローコストだけに比重を置かれるお客様の場合だと、タイミングが特に問題になります。

自分の出したプレゼンをヒントにした、ローコスト住宅メーカーのプランで建てられた事もあります。

そして、最終プレゼンを前にしたお客様との話になります。

大抵の場合、高い評価をいただいています。中には、次の週に仮契約とまで言われる事もあります。

時には、ここまで行ってもう1つだけ、宿題が出されます。それをクリアーすれば、お宅に決めましょうと言われます。

「彼」にとって一番わくわくする瞬間です。商品付のクイズなのです。こんな時はだいたい受注に結び付いています。

間取りは奥の深いものです。まさにパズルです。自分が頭の汗をかく事によって、お客様が効率良い家を建てられる訳です。

これも、大きな喜びです。

実践編では、ほとんどの話が旨く行きます。と言うより、旨く行った話だけを取り上げています。

最初のプレゼンを持って行ったとして、注文を受けたと仮定してみてください。

その上で、ご自身ならどうすると、考えながら進んでみてください。

第5章　実践編

「NO1　30坪北間9・0接廊」

5月末のイベントを打っていない日曜日です。今日、「彼」以外の営業マンはみんな休みを取りました。

3人でどこかへ出かけたのかもしれません。モデルルームに来客が有った場合のために、誘いの無かった「彼」だけが出勤です。

それにしても、暇な日です。

午前中は来客が有りませんでした。昼食後、小春日和の日差しが差し込む中、モデルルームのソファーでうとうととしてしまいました。

「ごめんください」

チャイムの音と同時に声がしました。

「……えっ、あっはい」

思わず返事をしていました。

慌てて玄関に向かうと、20代後半くらいの真面目そうな男性が1人いました。

ラフな服装ですが、雰囲気から固い職業を感じさせます。モデルルームの見学希望だそうです。

「アンケート用紙にいろいろ記入していただきたいのですが、よろしいですか」

男性は勿論と言った顔で「彼」からアンケート用のセットを受け取りました。

そして、さらさらと名前を書き始めました。途中からは、「彼」が代筆します。

職業は中学校の教師との話です。奥様も同業との事でした。

ただ、奥様の方は顧問をされている部活の練習試合があったそうです。今日はご主人だけで廻られていると言われました。

話は道筋がはっきりしていました。先週は2社を廻って、昨日も2社廻ったそうです。

奥様はもうこのくらいでと言われたみたいです。でも、ご主人はこの日暇なので、もう1件くらいと来てみたそうです。

多分、それで来てみたら、営業マンが居眠りをしていた訳です。笑われているのだろうなあと「彼」は思いました。

ただ、だからと言って、「彼」は別にそれを気にするタイプでもありません。

ローンとかについての、相談を望まれている風でもないようです。単純に何社かを廻ってメーカーを絞りたい様子でした。

アンケート用紙を持ちながら、一番メーカーに求める要素って何でしょう。

「彼」はご主人に訊いていました。

「予算は勿論大きな要素ですけど、1番じゃないですね。1番は……やっぱり感性かな」

ご主人の口から出たのは、優等生的な答でした。「彼」もなるほどと頷きます。

「つれあいの」ぼそっと呟かれました。どうやら、少しユーモアもお持ちのようです。

予算を訊くと以外に厳しい話です。土地との同時購入なので、建物は30坪くらいに収めないと成り立ちません。

どこのメーカーでも同じような話をされたみたいです。駆け引きとかではなさそうです。

土地自体の立地が良い処なので、全体の数字が、かなり大きくなるようです。

夫婦2人ともに公務員です。普通の人より多くの借り入れが出来ます。

でも、返済に無理の有る形にするのは嫌なのだそうです。誠にご尤もです。

土地は北向きでした。間口は11・0m、奥行きが18・0mです。60坪くらいの大きさになります。

ついでに、配置の話もしてくれました。建物は敷地の間口いっぱいに使っても良いから、後ろと前を空けて欲しいそうです。

北側の前面は駐車スペースです。後方の南側はリビングやバルコニーをそっちに向けて余裕のある採光を確保したいそうです。

東側、西側は共に1・0ｍの空きであっても歩く通路だけ確保できればと言う話でした。

そこでご主人はポケットよりメモを取り出しました。いろいろと注文を述べられます。

先ず、必要な部屋とその大きさです。1階には13～14帖程のLDKがあって、対面キッチンにして欲しいそうです。

水廻りは勿論ですが、その他に4・5帖でもいいから和室をと1つ望まれました。

これは畳コーナーではなくLDKとは独立した、廊下から入る部屋だそうです。

そして、そこには仏間と押入れが必要です。将来、旦那さんの方の片親を引き取る場合を想定しているそうです。

そして、大事な事がもう1つ。子供達を育てていく上で、こだわりが有ります。

必ずリビングを通って2階に上がると言う生活にしたいそうです。リビング階段を希望されました。

奥様は、別の意味からリビング階段を望まれているそうです。

将来旦那さんの親が一緒になった時は、２階のトイレを使いたいみたいです。

「彼」は全てメモしています。

水廻りは通常の形で、トイレは洋便のみ。

浴室は１６１６タイプでも良いのだけれど、予算が許すのなら、もう少し洗い場が広い方が良いそうです。

２階に移ります。先ず7帖くらいの寝室と付属の2帖程のW《ウォーク》・I《イン》・C《クローゼット》。

南側に面してのバルコニー。これはサンルームではない事と、寝室に接している事が条件です。

そして、6帖くらいの子供室2室には、４枚折戸の収納が有って欲しいそうです。

こんな処かなと、「彼が」顔を上げました。

「そしてあと、２階のトイレですね」

まだありました。

そうやって、ご主人が締めくくりました。

「よそのメーカーでこうやって話すと、35～36坪って処ですねって、必ず言われました。

やはり、それくらいになりますか」

ご主人は尋ねてきました。

「彼」はちょっとわくわくしてきました。

何故なら、それだけの坪数にしたら、必ず予算オーバーになってしまうからです。

33坪くらいかな。普通に考えると。

「彼」はそう呟きました。

それでも予算オーバーか。

そう続けました。

ご主人は大きく頷かれました。どうやら、「彼」のペースになってきそうです。

ご主人は結構多く話されました。金銭に対して現実的な考え方をされています。

そして、間取りと言うものがメーカーによって違うと言う事は、その中に優劣も有る筈だと言われました。

それは世間一般のメーカーに対する評価ではありません。

今ここに自分の家の間取り作りと言う試験問題があります。各社の解答には必ず出来不出来が有る筈だと言われました。

どうやら、数学の先生との事でした。

30坪の家と35坪の家は同じメーカーなら価格は坪数分違います。同じ課題を満たしてくれるなら、小さい坪数でプランを作ってくれるメーカーの方が絶対優秀でしょう。

そう言われるのです。

「彼」は心の中でほくそ笑みました。

しかし、それ以上坪数に関して、自分の方から言及する事は止めました。

ただ、「彼」の住宅設計へのスタンスだけは付け加えておきました。いつもの「彼が」自分に課している制約です。

1階のリビングは南面に長戸を設けます。2階の寝室も、南面に窓もしくは南面のバルコニーに出る長戸を設けます。

子供室は2室なら、どちらも東側に窓を設けます。

尤も今の場合、東側は境界よりあまり離れていません。実際の有効採光面積として計算するのは別面の窓だと思います。

子供は朝日を浴びて目が覚めるのが理想と言うのが、「彼」の持論です。

そして、2階のトイレの場所にも拘ります。「彼」に言わせれば、玄関の上や居室の上にトイレが有ると言うのは、問題外です。

以前、風水にものすごく拘りながら、そんな事を許している家を見た事が有ります。

その家はなんと、和室の神棚のある場所の真上がトイレだったのです。

2階のトイレの下は、キッチン以外の水廻り。これが「彼」流の縛りです。

これは、何も気分的な事だけではありません。トイレの上がトイレなら、排水等の設備が合理的になります。

そして浴室の上ならば、ユニットバスの点検口から天井裏に入れます。何かあった際のメンテナンスがやりやすい筈です。

バルコニーも場所を限定しています。

この場合、玄関の上と言うのは有りです。それ以外は、やはりキッチン以外の水廻りの上と言う事になります。

これには理由が有ります。

バルコニーが雨漏りした時に、下が部屋だと困ると言う話ではありません。

バルコニーと言うのは外部です。出る際の開口は長戸サッシか勝手口ドアです。

サッシ開口の下端は、出る部屋の床の高さに合わせます。

すると、バルコニーの床下地の高さは、コシ天より100㎜～150㎜くらい下がっている必要が有ります。

つまり、床を下げやすい場所が良い訳です。でないと、バルコニーに出るために、サッシの敷居を跨ぐ事になります。

その後ご主人とは、30分くらいの雑談を交わしました。

「彼」は最初のプレゼンを今週の中頃くらいに届けるので、あらかじめ見ていて欲しいと言いました。

そして週末に話を伺いたい旨をご主人に申し出ました。

すると、多分日曜の午後なら時間は未定だけど、予定が取れるとの話でした。

先週廻った1社が、午前にアポを取ってあるそうです。

仮にもう1社が面談を言ってきた場合、その後になってもいいかと言われました。

勿論OKです。

「彼」は答えました。

そして、ご主人は帰って行かれました。

午後4時になっていました。

他にする事もないので、自分のプラン集を広げてみました。

予算的には30坪です。北向きで、9・0mの間口のプランを引っ張りだしました。

「彼」のプラン集はフリーハンドでグラフ用紙に描かれたままです。

ゆっくりと考えながら、新しいグラフ用紙に書き写していくことにします。

これがいつものやりかたです。

明日ＣＡＤオペレーターが出社したら、きちっとした平面図や外観パースの画像にしてもらいます。

ただこうやって念入りにプランをなぞる間に、このプランに血が通ってくるような気がする訳です。

微妙な部分は、今会って話したお客様の感性や好みに適合させて行きます。

そうやって書き上げたのが、次頁の図です。（7―30　北9・0別L）

正面が北側です。建物の前後の長さは6・5m。そして、東西の空きは共に1・0m。

建物の間口は9・0mです。

敷地の奥行きは18・0mです。前面を5・5m空けると、後面は6・0m空きます。

駐車スペースとすれば、前は5・5mで充分でしょう。4～5台は停まると思います。

後方の6・0mは庭でも良いし、将来の増築スペースでも良いと思います。

外観に関してはオーソドックスな切妻にしました。南面した図面でこれの逆パターンが有ります。その場合は、玄関の上がバルコニーになっています。

今の場合、玄関は北向きですから、バルコニーになりません。簡単な下屋のポーチで

す。本屋は切妻で、前後に勾配を取っています。
本屋の屋根は2段で、4寸勾配です。正面に向いた子供室の1・5コシ分が上の段になっています。外観に気を使いました。

ここは難しいところです。外観無視なら、1段屋根にして、子供室の正面側をつけおろしにする事も出来ます。

天井高が気にならないのなら、そうしてください。

とりあえずは、今はこの外観にしておきます。次頁の図です。

1階のポーチはコシよりの付け下ろしです。高さ的にはそのくらいが適切です。

屋根材料は瓦でも良いし、コロニアルでも良いと思います。

間取りを見て行きます。大筋的には９・０ｍを３・５ｍ＋２・０ｍ＋３・５ｍに分けています。

真ん中は玄関、廊下、トイレ、階段部分です。両端はＬＤＫ部分と和室、水廻りの部分に分かれます。

この図面の場合、東側をＬＤＫにして、その上に子供室を乗せています。

そして反対側は和室と水廻りの上に寝室とバルコニーとを乗せています。

真ん中に関しては、階段下に1階のトイレがきています。

細かく見て行きます。

先ずＬＤＫです。３・５ｍ×６・５ｍで13・76帖です。

少し狭いのなら、１・２階ともに６・５ｍを０・５ｍ長くして７・０ｍとします。

ＬＤＫは14・82帖、そして2階の子供室は2室とも６・35帖となり効率的な拡げ方です。

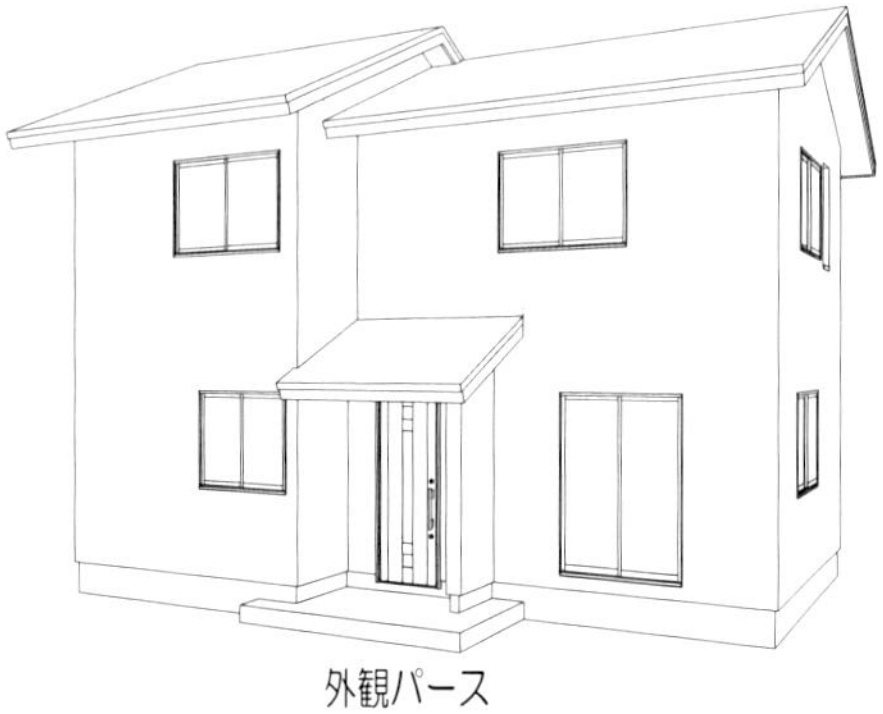
外観パース

ちなみにこの場合の全体の面積増は3・5㎡にて1・05坪です。

階段がリビング階段と言う条件のため苦労しています。平面の13段ですから、少し上りづらいかもしれません。


ただ、「彼」のプラン集は先ず何よりも面積の縛りに厳格です。

お客様にはこの欠点も晒した上で、直して欲しい部分に優先順位を付けてもらいます。

例えば階段部だけ0・5m後ろに下げれば、問題は解消するでしょう。この場合そのために掛る金額まで提示します。

その上でお客様の判断を仰ぎます。

これが「彼」流のやり方です。

反対の和室と洗面、浴室の方を見てみましょう。前が北で、後ろが南です。

普通、南の方へ和室を持って来ますが、そうなっていません。確かに、1階だけならそうしたい処です。

でも、2階のトイレとバルコニーの場所があります。「彼」の理論によると、こうなってしまいます。

意外と平気で、1階和室の上をトイレやバルコニーにしてある、図面を目にする事があります。

けど、「彼」の論理からすれば、それは全くのタブーです。
異論はありそうな処ですが、「彼」としての見解はこれしかない訳です。

2階に移ります。6・5m×3・5mのLDKの上は、そのまま子供室2室のユニットになっています。

1・3m×0・9mの収納は規格品の最も幅狭の4枚折戸が取り付く寸法です。

そして子供室の入口は高さが2m必要ですが、幅については0・75mで充分です。柱芯々は0・9mでも構いません。

この場合3・5mと言う寸法をあます処なく使っています。

寝室は6・77帖ですが、接続して変則的なW《ウォーク》・I《イン》・C《クローゼット》があります。
これはホールをなるべくゆったりさせたいと言う思いと、子供室へ入る通路との取り合いによるものです。

バルコニーは1・75m×2・5mです。かなりゆったりとしています。そしてトイレ同様に下は洗面と浴室です。

トイレのドアのために、階段はせわしなく13段で上っています。仮に寝室だけからのトイレだったら、階段はゆったりします。
でもそれを判断するのはお客様だと「彼」は考えます。

最初のプレゼンの時は、少しくらい気にかかる処があってもそのままにします。お客様の判断を仰げばいいのです。

翌日月曜日に出社すると、「彼」はＣＡＤオペレーターにグラフ用紙を渡しました。

そして、現地を見に行きます。何となく感覚が掴めました。頭だけで考えている事とは、意外に異なる事が見えたりするものです。

出来あがったプレゼンに手直しを加えて、大体の工事費を把握すると、木曜日の夕刻にお客様の家に届けました。

あらかじめその日のそんな時刻にと伝えてありましたが、奥様とは初対面です。きれいな女性でしたが、ちょっと勝気そうな感じでした。そして日曜の午後3時にここへ来てほしいと言われました。

日曜の午前と午後に2社と話されるそうです。その日の3社目が「彼」だそうです。

簡単にプレゼンの説明をして、では日曜の午後にと言う事で早々にお邪魔しました。

多分、食事の用意とかに忙しい時間です。長居をして印象悪くする訳にはいきません。

プレゼンさえ渡せたら、この日の仕事は終わりです。

日曜になりました。午後、時間通りにチャイムを鳴らしました。

今はやりの高機能型の集合住宅でした。若い夫婦は結婚後しばらく、先ずはこういった処で生活をするようです。

その後、ローンの返済と家賃とを比較して、マイホーム造りに進んで行くようです。

案内されて、中に入りました。「彼」なりに、プレゼンにはそれなりの自信がありました。

でも、お茶を1杯いただいた後、そんな単純なものではない事が分かりました。特に奥様の方が、なかなかに手強いのです。

先ず1階の和室の位置になりました。予想通りです。

「彼」は先述通り2階のバルコニーとトイレの位置の話をして、これ以外に動かせないと言う持論を展開しました。

お2人は、初めて聞いたと言った感じで、何とか納得してくれました。

自分達が生活すると言うより、当面は客間です。そして将来の老人室と言う事なら、無理に南面とか東面とかさせる事もないのかと、奥様が呟かれました。

ただ、押入と仏間との間口の計が2・1mです。これでは短いとの話でした。

それに関しては即答を避けて、持ち帰りの（宿題①）としました。

次に階段の話になりました。ぼろくそに言われました。上りにくいそうです。

リビング階段でなければ簡単に解決する問題です。でも「彼」はそれを口にしません。

指摘してもらって、逆に良かったと思いました。そしてノートに（宿題②）と書き込みます。

お宅さんだけに、こんな調子なのじゃないのですよ。奥様が席を外された時、ご主人が気を遣って言われました。

話を聞くと、別の4社へも同じような調子だったそうです。うち2社は問題外だったので、すぐに引き取ってもらったそうです。

何かホッとしました。

階段の事はよく考えてみれば、30坪縛りが弊害になっています。階段自体を0・5mバックすれば済む話です。

でもここでは黙っている事にしました。

もう1つだけ言われました。

実を言うと「彼」には、薄々分かっていた事でしたが、これが一番堪えました。家事動線が悪すぎると言う話です。

台所と洗面、浴室が離れています。奥様の言い方は辛辣でした。

設計の根幹にかかわる事ですよ。何とも軽率な図面ですね。それだけでも、お宅の感性に少し疑問を持ちます。

そこまで言われました。「彼」はちょっとショックでした。これを何とかしようと言う事になると大ごとです。根本からプランを変えなければならないかもしれません（宿題③）。

他に細かい点はありましたが、大筋はこの3つでした。

奥様が再び立たれた時に、ご主人がこっそり話をされました。昔から、気になっている相手に冷たく当たるのが奥様の性分みたいです。ご主人も結婚前に振り回されたとおっしゃいました。

「彼」は少し気を取り直しました。

その後、当たり障りなく、ローンや諸経費の話をしました。その上で、少しだけ面積増を許可してもらいました。

ご主人の話では、2坪くらい増えても大丈夫だそうです。施工面積はまだ、他社よりずっと少ないみたいです。

とりあえず、2坪までと言う事にしました。32坪台のプランです。それなら予算的には何とかなるとの話です。

次の日曜日にもう一度お邪魔する約束をすると、「彼」はそそくさと帰路につきました。一刻も早くプランを直したかったのです。

会社に戻ると、すぐにグラフ用紙を取り出しました。宿題①と宿題②とだけなら、何とかなる気がします。けど、宿題③はなかなか難物です。

「彼」はチャンスと考えました。逆にこれを解決すれば、お客様の気持ちがこっちに動いてくれる気がします。

それに面積増が認められているのです。2坪の増がどのくらいの効果を呼ぶものなのか、「彼」は経験からよく知っています。

それからの2時間は没頭しました。みんなが帰った事も気づかないくらいの集中力です。

そしてどうにか解答を引っぱり出しました。それが下の図と次頁の図とになります。

先ず外観は、シンプルにしました。本屋の屋根が一重です。子供室の天井にも影響はありません。

「彼」は現地に出向いています。離れて外観を眺められる場所は、なかった気がします。シンプルな屋根のほうが良いでしょう。

間取りについての宿題を、順番に確認してみましょ

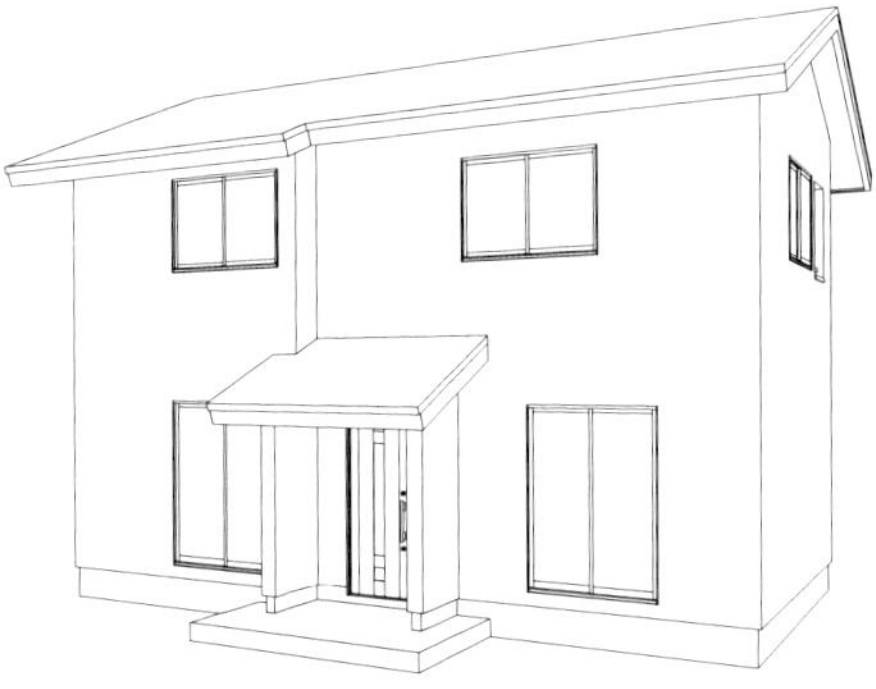

外観パース

う。

先ず宿題①です。これは簡単です。押入、床の間、仏間を西側に持ってきました。今の処、客間ですから納得してもらえる筈です。

宿題②と宿題③とは一緒に考える事にしました。階段の上り始めは真っすぐからはじまります。

廊下階段でなく、リビング階段です。形を複雑にしないためには、踊り場までに7段くらいです。

最初の踊り場は3段にしましたが、次はフラットにしました。下はトイレです。上から3段目ですから、高さの問題はありません。

そして、階段は直になってもう2段上ります。階段の形は決まりました。

難しい方の宿題です。1階の上り口からトイレ

2階平面図

1階平面図

の前を通って洗面に抜けます。

ＬＤＫは水廻りの動線のために思い切って、リビングとキッチンを入れ替えました。

南側には１・５ｍの柱間になるべく大きな窓を入れます。ＬＤＫには南北の風が抜けるようにしました。

東側にメインの窓が付きますが、採光計算は勿論南北の窓からです。

これで、何とか宿題②も宿題③もクリアーしました。面積増や北側リビングについて、お客様の判断を仰げば良い訳です。

水廻りはオープンにして動き安くするため、片引き戸が多くなりました。

ただ、「彼」の性分が出ます。これだけのために面積増と言うのでは面白くありません。

それによってプラスに作用することが有って欲しいのです。

先ず２階の寝室とＷ《ウォーク》・Ｉ《イン》・Ｃ《クローゼット》が広くなりそうな気がしました。

そのため、ＬＤＫも一緒に１・０ｍ下げました。２つの子供室にはいるための０・９ｍ×０・９ｍの部分が、ホールのどこに向かうかが問題なのです。

そしてホールも２・０ｍ×２・０ｍとなってすっきりしました。

もう１つ寝室です。バルコニーは２・５ｍ×１・５ｍ、トイレは１・０ｍ×１・５ｍでも良い訳です。

部屋を3・5m×3・5mにしたら7・41帖になります。このクラスの住宅の寝室としては十分過ぎる広さです。

ここまで変更して、元のプランから1・75㎡増、0・529坪増です。

何となく手応えを感じました。少し寛いだ気分になれた「彼」は、やっと帰り支度にかかる事にしました。

次の日曜日が楽しみになってきました。あの奥様が何と言われるのか、早く聞いてみたいと思います。

第6章　実践編

「NO2　30坪西間6・5接L」

突然、社長からお客様を振られました。「彼」が暇そうにしているからと言うのです。

30歳くらいのご夫婦でした。

服装を見ても、街を歩く若いカップルと言った感じです。結婚1年目で共稼ぎ、まだお子さんはいらっしゃらないとの事です。

そうやって紹介だけすると、社長は用事が有ると言って出かけていきました。自分が苦手な客の時に、時々こんな事が有ります。

ご夫婦と話をして、すぐに理由が分かりました。

とても繊細そうな奥様です。何か意見が有っても直接は話さず、ご主人に耳打ちするような感じなのです。

豪快と言うのか、がさつと言うのか、ここの社長に相手がつとまるようなタイプのお客様ではありません。

だけど、こんな時に話をまとめたとしても、営業歩合の半分は社長に取られます。

他の営業マンは嫌がりますから、当然「彼」の処へお鉢が回って来ます。

このご夫婦は、土地購入代金を含めた住宅ローンを組まれるそうです。そして、良い土地を見つけたみたいです。

ただ、気に入った土地が有ったのは良いのですが、予算がかなり厳しくなりました。

建物は30坪くらいにしないと収まらないのだそうです。

社長がさほど興味を示さなかったのは、そんな点もあるのでしょう。

その住宅建設予定地は、明日見学させてもらう事にしました。

測量図のコピーを見ると、西向きで少し東西に長くなっています。間口10・0m奥行きは19・0mです。60坪弱くらいでした。

住宅メーカーは3社くらい回れば、いいと思っているそうです。

ただ、この土地でどの程度の建物がいくらくらいで出来るのかと言う事が、先ず知りたいと言われました。

それが分かれば、先に土地を購入したいそうです。

売り出しの不動産屋さんには1週間の時間をもらいました。その間に別のお客さんが現れた時には、連絡が入るそうです。

建物の部屋数に関しては前回同様の4LDKなので、30坪プランが使えます。

ただ、建物は北側に寄せて南側の採光を採って欲しいとの事でした。

1階のリビングや2階の寝室やバルコニーは南面に向いて欲しいそうです。子供室や1階和室は東向きでも良いそうです。

和室はLDKに隣接して欲しいとの事でした。この和室は家族の部屋です。LDKと合わせて、南北に風が抜けて欲しいそうです。

「彼」は思わず大きく頷きました。

何故なら、風が抜けると言うのは「彼」の主義です。そして、出来れば2階の寝室も風が抜けて欲しいと言われました。

西側は正面と言う事もあり、あまり窓は無い方が良いとの事でした。

ご主人が、西日の良いところは布団の干せる事くらいかな。と呟かれました。

すると、奥様も大きく頷いてご主人に耳打ちされました。布団干しスペースも欲しいそうです。

玄関が西向きです。「彼」はその上がバルコニーと言うのでも良いのかと尋ねると、それはＯＫとの話でした。

１階和室については畳コーナーの延長くらいに考えているらしく、正式な和室でなくても良いそうです。

ただ、押入だけは欲しいと言われました。

そして、階段に関しては、廊下階段でもリビング階段でもどっちでも良いそうです。と言うか、実感が湧かず、今はまだ分からないと言った感じでした。

１階にも２階にも、廊下からの収納が欲しいそうです。ただ、外からの収納と言ったものは特に必要ないとの話でした。

子供室が６帖くらいの大きさで４枚折戸の収納付が２室とか、２階ホールにトイレが欲しいとかはいつも通りです。

そして寝室は７帖くらいでＷ《ウォーク》・Ｉ《イン》・Ｃ《クローゼット》付。サンルームではなくてバルコニーが欲しいとの話も、いつも言われる通りでした。

「彼」が自分なりに課している条件についても、確認を入れていきました。

先ず２階のトイレの位置はキッチン以外の水廻りの上でなくてはなりません。

またバルコニーも玄関ポーチかキッチン以外の水廻りの上でなくてはなりません。

そして、２階寝室の窓は南向きになりますが、今回は北側にも窓が必要です。子供室は東側に向けて窓を設けます。

その後、「彼」はローンの話や諸経費の話をしながら、木曜日にプレゼンを届ける約束をしました。

奥様はかなり人見知りされる感じなので、ポストに入れておくと伝えました。後でご主人が連絡をくれるそうです。

「彼」は第1回目の話を終えました。

帰り際、奥様はやはり恥ずかしそうな感じです。ただ、幾分「彼」に好感を持ってくれたようです。玄関までお2人を送りました。

あくる日、「彼」は現地に出向きました。20区画くらいで分譲を始めたばかりの処です。ポツポツと売れ始めています。

スーパーや学校も近く、良い場所に思えました。前面の道路も幅6・0mくらいあります。外観を気遣う必要性を感じました。

ここでは、ある意味住宅メーカー同士の競争になる訳です。単価が安いとかの言い訳は通用しません。

コーディネイトは「彼」の仕事ではありませんが、基本の外観の形をスッキリしたものにするのは「彼」の技量です。

30坪の建物であろうと、歩合が半分であろうと関係ありません。この仕事は必ず取りたいと「彼」は思いました。

戻って資料の確認をします。プラン集の1つを出して、グラフ用紙に書き写します。何回やってもこのコピーをそのままCADオペレーターに渡したりはしません。

「彼」にはこの書き写しが儀式になっています。そして出来上がったのが左の図面です。

建物の間口は6・5mです。北側境界より1・0m空けて建てると、南側は2・5m空く事になります。

これは何とか有効採光の採れる距離です。見せかけだけではなく、実際の採光も南側と東側から採れば良いでしょう。
建物の東西の長さは8・5mです。駐車スペースとして西側を

5・5mくらい空ければ、東側に5・0mくらい残ります。仮に今、屋根を南北への水勾配の切妻にして置きます。すると、将来手狭になった時、簡単に増築ができます。

これも、お客様にはこの事を伝えて、判断を仰ぐ形にすべきです。

仮に3・5m伸ばして、6・5m×3・5mの2階建を増築したとします。延べ面積が45坪くらいに拡がります。

ゆったりした2所帯住宅にもできます。

後ろに敷地を5・0m残すと言うのはそんな意味合いです。3・5m伸ばしても、境界から建物までまだ1・5m残る訳です。

駐車スペースとして10・0m間口で奥行き5・5mなら、4台は楽に並びます。将来的にも、4台なら問題ないでしょう。

勿論、先の事は誰にも分りません。

でも、増築とかの選択肢が有ると、心にゆとりを持てます。「彼」はそう信じています。

もう1つ30坪の家が以外と狭くないと言う事も「彼」は言いたいのです。

外観はオーソドックスにいくなら、次頁の図です。

先述した通り、将来の増築を考慮するのなら、南北への勾配です。切妻か尻掛けです。隅棟を2本入れて途中から、南北の切妻と言うのもあり得ます。

バルコニーの屋根は2階コシ天よりの付け下ろしです。隣の2階トイレ部分も同じ屋根ですが、天井の高さの問題はない筈です。

屋根勾配は4・0寸です。

間取りを順に確認します。先ずLDKです。3・5m×6・5mの13・76帖です。

「彼」のプラン集の場合の特徴です。

3・5m×6・5mのLDKの上に、3・5m×6・5mの収納付子供室2室のユニットが乗る事が多くあります。

ただ、このプランに関しては例外です。階段の取り方、1階和室の寸法（3・0m×3・25m）が変則的です。

だから、LDKを大きくしたいとか言われたら少し厄介です。他とのバランスを考慮しなくてはなりません。

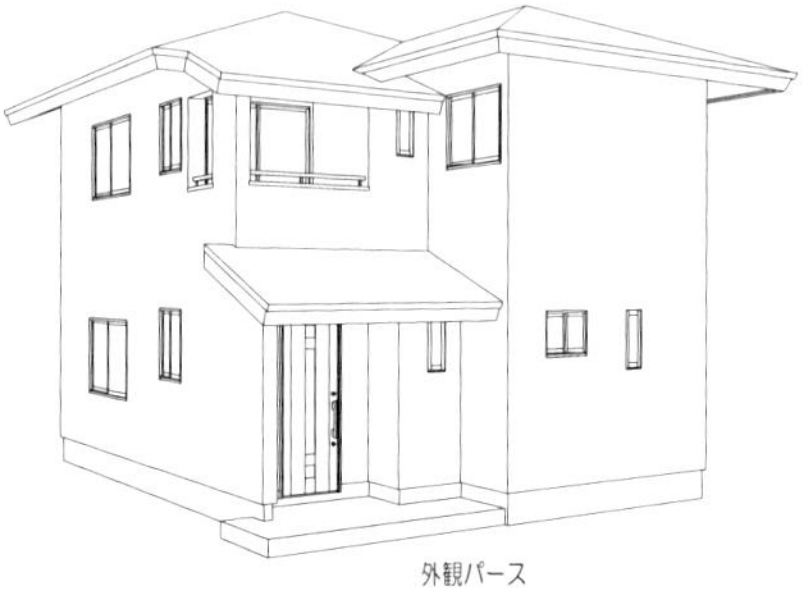

外観パース

これだと梁伏図は少しややこしくなるでしょう。けど、大筋の形が揃っているなら、間取りを優先すべきだと「彼」は考えます。

多分昔の大工さんならこんな図面の引き方は決してしなかった筈です。そして、墨付けが大変だと思います。

でも、今はプレカットで図面の梁伏図、床伏図を収めています。入力までの少しの間だけがややこしい訳です。

寸法にした処で０・25ｍの倍数以外の寸法を使用している訳ではありません。上棟してしまえば、後は同じです。

１階のＬＤＫと洗面、浴室との並べ方はとりあえずこんな形にしてあります。組み合わせはいろいろありそうです。

１階トイレと２階トイレは微妙にずれています。でも、この程度なら２階排水は１階トイレのＰＳに入ります。問題ないでしょう。

階段が変則的です。直の10段、周り３段、廻り１段の計14段です。

最初の13段のまま、全13段でも可能です。実際その段数で上るメーカーも有ります。その方が大工さんは楽です。

でも、「彼」の論法の場合、それを決めるのは、大工さんではなくお客様です。つまり、判断を仰げばいいのです。

2階は片方の子供室が2・8m×3・25mと言う変則的な寸法です。これが全てに影響しています。

なぜこんな事をするのかと言えば、「彼」が30坪と言う制約を守っているからです。この時点ではこれでいいのです。

子供室と下のLDKとの壁線がずれています。これも、実は気に入らないのです。

でも、それは指摘された時に面積増の許可をもらいます。それから、すっきりしたプランにすればいいと考えています。

「彼」の論法では、プラン集の中で100%満足出来るものなんてありえません。

せいぜい80%くらいの満足度です。

後はそれぞれのお客様の細かい注文に対応します。そして、それぞれオンリーワンの図面に持って行けば良い訳です。

バルコニーは1・75m×2・0mです。それなりにゆったりしています。W《ウォーク》・I《イン》・C《クローゼット》も1・5m×2・0mならまあまあです。

子供室の収納も廊下の収納も、何とか注文は守られています。

2階寝室は南北に窓が有って風が抜けます。北側の窓やバルコニーから、ポーチ上の西向きの屋根で布団が干せます。

「彼」のプラン集の中では、新しい試みのプランです。お客様がどんな反応を示されるのか少し楽しみになっていました。

約束通りに木曜にお客様の家のポストの中にプレゼンを届けておきました。

「彼」はいつも思っています。

有るお客様がいます。敷地は充分過ぎるくらい大きく、どんな建物でも建ちます。そして予算もたっぷりあります。

そして、さあ最高のプランを作ってくれと言われたとします。多分、これが一番困ってしまう場合でしょう。

これは、「彼」のスタンスなのです。

自分の作品を作って行く建築家ではありません。いくつかの難しい条件をクリアーさせて、他社との差別化に勝ち抜いていく。

これこそが「彼」の生きがいです。

お客様が自分自身の望む事や欲求を自覚されていない場合があります。こんな時ほど難しい事を分かっています。

でも、今回のご夫婦の場合は違います。充分、ご自身の予算や、そして欲しいものを自覚されています。

日曜日になりました。午後1時に、お2人で来社されました。

今日もまた、主にご主人が話をされます。

どうやら、3社のうちの1社は合わなかったみたいです。「彼」の会社ともう1社に絞られたようです。

そのもう1社へは、午前中に出向かれたと言う話でした。

合わなかった会社は営業マンのガサツさを、奥様が嫌われたみたいです。

そんな話をしている時、「彼」の会社の社長が顔を出しました。

「彼」は思わず、ご主人と目を合わせました。そして、2人とも笑い出しました。社長は怪訝そうな顔をしています。

間取りの話については、2人で打ち合わされたようです。ご主人がポケットからメモを出されました。

先ずいつもの順番です。「彼」はプランの意図を説明します。その上で、何が気に入らないかを尋ねました。

お二人はひそひそと話をされています。そして、ご主人が答えてくれました。

先ず、リビングから洗面に入るのが嫌だと言われました。そして、和室はもっと大きくリビングに接していてほしいそうです。

その問題が解決するのなら、多少の事は我慢されるそうです。

ＬＤＫの中はどっちが東であろうが西であろうが気にはならないし、階段もリビング階段で有る必要はないそうです。

これを（宿題①）としました。

次です。トイレとか浴室、洗面の窓が全部正面にあります。これは絶対にやめて欲しいと言われました。

「彼」ははっとしました。

どこもデリケートな場所です。あまりにも軽率でした。グラフ用紙に書き写す時に、こんな気配りは普段なら有る筈です。

ごめんなさい。申し訳ありません。

そう言いながら、「彼」は（宿題②）と書き込みました。

この辺りで「彼」は、このプランは大きく変えないと無理かなと感じていました。

しかし、ここではどうこう出来ません。持ち帰りにするしかないようです。

ついでにということで、もう１つだけ。

ご主人が言われました。

出来る事なら、２階の寝室からバルコニーに出られるといいな。

これはご主人の昔からの夢だそうです。朝目が覚めて、バルコニーが目に入る。それが嬉しいそうです。

ホールからの方が洗濯物を干したりするのに都合が良いのではと、「彼」は言いました。

でも、寝室を回ればいいと言われました。奥様も別段反対される訳でもないようです。

これを（宿題③）としました。

「彼」はここで気付きました。

今のままの階段の状態とします。トイレとバルコニーを逆にして、１階もトイレと玄関とを逆にします。

そうすれば、いろんな問題が解消しそうな気がしました。

宿題はまだ有りました。

２階の寝室や子供室の配置とかはこれで良いそうです。ただ、もう少し寝室が大きくならないかとの事でした。（宿題④）

かなりハードな注文です。

「彼」は、１つだけ確認させてもらう事にしました。面積増についてです。

当然、ギリギリの予算なのであまり賛同できないご様子でした。

でも、今102・0㎡で30・85坪です。106・0㎡だと32・06坪。この辺りを限度と言う事で何とか許可をもらいました。

仕方が有りません。30坪プランでこれらの問題をクリアー出来るのなら、最初からさせていた筈です。

必ず何とか出来ます。

「彼」は言いました。

じゃあ、次の日曜にまたここへ来ますね。

そう言われ、ご夫婦は帰って行かれました。

時間も早かったので、「彼」はすぐに宿題に取りかかりました。

この場合順番は決まっています。（宿題①）からです。

かなり難しい問題です。

けど、1階の和室の場所が替えられない以上、西側から、水廻り、キッチン、リビングの順にするしかありません。

ホールから入る時にリビングになるよう、1・5mだけ和室側の北半分を、LDK側の南半分より東にずらすことにしました。

左の図面をご覧ください。

「彼」としては、何とか納得のいく形になりました。

「彼」は2階の子供部屋の壁と下の壁とのずれに拘っていました。その問題までが有る程度修正されてしまったのです。

先ず宿題①です。

洗面はキッチンより入ります。和室はリビングと2m分接しています。2枚片引き戸を取り付けてあります。

風は和室からリビングに抜けて行きます。

この宿題は、全部クリアーしたようです。

ついでに階段も廊下階段にしました。そして、玄関からキッチンに入る片引きの勝手口まで設けられました。

2階平面図

1階平面図

次に（宿題②）です。

トイレの窓は北側です。浴室の窓も南側です。１つ洗面の窓だけ正面です。正面が良いのか玄関横が良いのか難しい処です。

お客様の判断を仰ぐしかないでしょう。一応クリアーです。

（宿題③）です。

これは「彼」が先刻考えていた通りです。２階のバルコニーとトイレの位置とを逆にしました。１階のトイレについても同じです。

トイレに関しては窓を北側に出来たのでこの方が良かった訳です。

そして、２階は寝室からバルコニーに出る事が出来ます。

宿題とは異なりますが、階段は上るポイントを遅くしました。北東側の子供室入口との兼ね合いからです。

１階トイレ前だけが、少し天井が低くなるかもしれません。でも、そんなにおかしくはないでしょう。

２階のトイレは、２階ＦＬより２段下がりにしてあります。下もトイレですから、問題は生じないでしょう。

ここで（宿題③）もクリアーです。

次に（宿題④）です。

押入の奥行きは０・８ｍ（柱芯々）あれば何とかなります。子供室の配置を前々頁の図のようにしてみました。

北東の子供室は１階の和室の上にすっぽりと乗った形になりました。

これによって、北側より３・０ｍ、南側より３・５ｍのラインは主要壁が通る事になりました。

２ｍくらいの間隔で柱が存在します。

Ｗ《ウォーク》・Ｉ《イン》・Ｃ《クローゼット》の形や入口の周辺が少し乱れていますが、寝室は９帖近い広さになりました。

寝室が有る程度、大きい事は良い事です。子供達が小さな間はみんなで一緒に寝る事もできます。

これで（宿題④）もクリアーです。

ポーチの上の屋根に西側に向けて布団が干せるのは前と同じです。南北に風が抜けるのもそのままです。

「彼」は風水に凝っていませんが、間取りとしては空気の澱む事を嫌っています。

外観パース

風が抜けて行く事が必要だと言う、「彼」自身の風水感を持っています。

外観的には、前回のままでも良かったのですが、屋根勾配の方向を変えてみました。

前頁の図です。ついでに、変則切妻にしてみました。選択肢の提示です。

どうやらこれで自信を持って渡せるプランになりました。前回と同じように、また木曜日にポストに入れておきました。

すると、その夜遅くご主人より電話が有りました。日曜の午後3時と言う事でどうでしょうと言われました。

勿論ＯＫです。

ただ、午後3時と言う時間は他社との掛け持ちです。残り1社になったとは言え、気になります。

プラン的には、かなり良いものになったとの自信は有ります。彼流の言い方をすれば、頭で汗をかいた図面と言う事です。

判断はお客様がするもの。そう思って日曜を迎える事にしました。

日曜の午後3時になりました。今日も奥様は人見知りされた感じのままです。

でも、心なしか、愛想よく挨拶を返されたように「彼」は感じました。ご主人はいつも通りです。

テーブルについて、出されたコーヒーを飲みながら、ご主人が話されました。

今日は他の2社を廻ってからここへ来られたそうです。

えっ、確かうちともう1社に絞ったとの話だったのでは。

「彼」はそう思ってご主人の顔を見ました。

お2人がにっこりと微笑まれました。

別の1社については、まだ正式に返事をしてなかったそうです。

改めて、今日両方とも断ってきたとの話でした。木曜に図面を届けてから、お2人の気持ちはすぐに決まったそうです。

坪単価とかは他社の方が少し安いようです。ただ、プレゼン自体の坪数は、最初の段階で5坪開いていたそうです。

そして、残った1社に先週同じように注文をつけました。すると昨日、37坪のプランを嫌々持って来たらしいのです。

それに対して、「彼」の直した図面は見事でした。1・0㎡だけの増で、すべての注文をクリアーさせました。

施工面積は31・15坪です。6坪近い開きが有りながら、「彼」のプランの方が気に入ったそうです。仕方のない事です。

夫婦揃ってよろしくお願いしますと頭を下げられました。

「彼」は慌ててしまいました。そしてもっと深々と頭を下げていました。「彼」は心が浮き立つのを感じていました。

今後の段取りや、諸経費の細かい部分を説明しようとして、「彼」は資料を探しに行きました。

戻って来ると、どこから出てきたのか社長がいて、話に入り始めました。「彼」もご主人も、これには少し呆れました。

すると、その時です。

○○さんと話をしたいのですが。

奥様が社長にはっきりと言われました。

「彼」との話に社長が入ってくる事を拒絶したのです。

しばらくの沈黙の後、社長はあっ用事を思い出したと言いながら、出て行きました。

社長がいなくなってから、「彼」とご主人は声を上げて笑ってしまいました。

第7章　実践編

「NO4　33坪南間9・0別邸」

日曜のお昼過ぎでした。30代前半のご主人ともう少し若くて明るい感じの奥様とのご夫婦が、モデルルームに来店されました。

子供さんは一緒ではありません。

今日はいくつかの住宅メーカーを廻る予定らしく、そのためにお2人で来られたと言う話です。

話されるのはもっぱら奥様の方でした。ご主人は優しそうな落ち着いた雰囲気の方です。

いきなり本題に入られました。資金的には余裕があるみたいです。土地に関しては先週決済を終えられたそうです。

銀行ローンは住宅建築の工事部分だけにするそうです。「彼」の方が、住宅ローンの世話を焼く必要はありません。

各メーカーの中で、一番素敵で安いプレゼンを出してくれた処に、建ててもらいたいと言われました。とても分かりやすい話です。

ただ話を伺っていて、以外と言ったら失礼になるのかもしれませんが、堅実なお考えなのです。「彼」は少し驚かされました。

ご夫婦はお2人とも関西の出身だそうです。ご主人は今こちらに本社機能を移した大手企業に勤めていらっしゃいます。

2人して将来は関西に帰りたいと考えていると話されました。

2、30年後の話です。勿論その時に、子供さんがどうされるかとかの問題もあります。

ただ、マイホームは資産価値の落ちない不動産として、持っていたいのだそうです。

つまり、建物より土地に重点を置いている訳です。

購入された土地は学校や大きなスーパーに近く、近い将来に資産価値の落ちていくような場所ではありません。

建物はどんなに高級住宅を建てたとしても、長い年月が経てば、償却で資産的な価値は無くなる筈です。

だったら簡単な事です。

人里離れた処にある豪邸と街の真ん中のローコスト住宅とを比べます。

同じ価格の土地付新築物件が2つ有ったとしたら、絶対に後者の方を求めたい訳です。

勿論、ローコスト住宅もリーズナブルなものであると言う事が前提です。

「彼」は感心してしまいました。

敷地は南向きで、間口11・0m、奥行き15・5mです。ほぼ理想的な長方形の土地でした。

ただ、50坪くらいです。宅地としては、少し狭いかもしれません。

分譲された物件を見て、すぐのタイミングで決断されたそうです。いち早く手付金をうったとの話でした。

理詰めに物を考えられるタイプみたいですが、ご夫婦ともに決断は早いようです。

「彼」にはそう見えました。

建物本体の話になりました。30坪と33坪のプラン例をご覧になると、お二人とも即座に33坪で行きたいと言われました。

これだけの部屋数、LDKや和室の大きさが欲しいという訳です。

そしてそれは、きっぱりとそれ以上の大きさはいらないという意思表示でもあります。

話の大筋が見えてきました。予算的な事までが、大体分かりました。あとは、間取りに対しての確認に移る事にしました。

部屋数に関しては、33坪のプラン例の通りで了解されました。

1階はまず3・5m×7・0mで14・82帖のLDKがあります。

そして、2・0m×3・5mの浴室＋洗面、1・0m×1・75mのトイレの水廻りが配置されます。

加えて、6帖弱の和室、それぞれ2・0m×1・25mの玄関とホールとが有って、後は廊下と階段です。

2階は7帖強の夫婦の寝室とW《ウオーク》・I《イン》・C《クローゼット》のセット。4枚折戸の収納付で6帖くらいの子供室が2室あります。

あとは2帖以上のバルコニーがあって、そしてトイレです。

ご主人からの、出来たら書斎をとの声は、奥様がすぐに却下されました。

「彼」は、細かく要望を尋ねて行く事にしました。

外観は都会的で落ち着いた、シックでモダーンな感じかな。

とても難しい奥様のご意見でした。

コーディネイトしやすい外観。これを考えておく事にしました。

となると、敷地が南向きです。玄関、ポーチの上をバルコニーと言うのが、一番無難そうです。

「彼」はそう考えてメモをしました。

中の間取りについて話を振ると、すぐに奥様よりの一言がありました。

玄関からトイレのドアが見えるのだけは、絶対に止めてね。

幾分強い眼差しです。

心配ありません。私自身が自分に課している制約の中の1つですから。

「彼」はそう答えました。

すぐに納得されたみたいです。

1階の和室とLDKとは離してほしいそうです。

これはどちらかのご両親が来られた際に使用します。言わば客間的な和室と言う位置づけです。

ただ、押入、床の間、そして仏間のスペースはきっちり確保して欲しいそうです。

LDKの大きさはプラン例くらい、水廻りの大きさもそれで充分との事でした。

1階に関しては、あと階段下でもよいから、新聞紙や掃除用具を入れる収納が有ればとの事でした。

それと、階段は廊下から上がって欲しいそうです。

2階に行きます。寝室は7・41帖の大きさをプラン例で確認して、これくらいかなと言うお話でした。

ただ、W《ウォーク》・I《イン》・C《クローゼット》に1間分くらいの押入れが有っても良いかなと言った話でした。

バルコニーに関しては、多分玄関の上になることが分かっています。一応の了解を取りました。

そこで「彼」は、ホールからの出入りにするのか、寝室からの出入りにするのか尋ねておきました。

奥様は即答されます。子供達も使えば良いのだから、ホールからとの事でした。

お子様は男の子2人との事です。プラン例の子供室の大きさ5・89帖のタイプはもう少し広くとのことでした。

上の子が来年小学校入学との話です。

それで、学校の近くに家を建てようと決断されたようです。

子供室に関しては、勿論東向きにして欲しいとのことでした。

ただもう1つありました。ロフトを作って、その下に収納と机スペースが出来ないかとの注文が出ました。

ロフトがそのままベッドになるのでも良いし、物置になってても良いから、その分子供部屋を広く使いたいと言われるのです。

2部屋はロフトで繋がっていてもいい訳です。子供達の友達が遊びに来て、羨ましがって帰るような家にしたいとの事でした。

だいたいのヒアリングが終わると、来週のアポの時間を確認して、第1回の話が終了しました。なんとも中身の濃い面談でした。

玄関まで見送った際、それまで無口だったご主人が、ぼそっと言われました。

夢のある家にしたいのですよ。

「彼」には妙に心に残る言葉でした。

見送った後、何となく気持ちが乗っている事に気付きました。

時間も早く、他にアポも無かったので、「彼」はプラン集を出してみました。確答のプランをチェックしてみます。

敷地を確認します。要望事項を全部整理してチェックします。そして自分で課した制約もチェックしていきます。

土地の間口は11・0mです。計算上の有効採光面積は南北で取れば良いので、東西は両方1・0mの空きにします。

そうすると、建物の間口は９・０ｍです。

配置的には、西側３・５ｍを和室、真ん中２・０ｍを玄関と奥へ行っての階段と廊下。東側３・５ｍはＬＤＫに当てます。

２階の子供室は６・５ｍ×３・５ｍユニットの５・89帖では少し狭いと言う話でした。だから、７・０ｍ×３・５ｍユニットのＬＤＫの上にそのまま乗る、２室ユニットを使う事にします。

１階和室の後ろに３・５ｍ×２・０ｍの浴室＋洗面をくっつけます。この部分の上が寝室とＷ《ウオーク》・Ｉ《イン》・Ｃ《クローゼット》です。

バルコニーは玄関の上になります。

ちょっと難しいのがトイレです。

１階は階段下になります。２階トイレを水廻りの上に持って来るとなると、浴室、洗面の上しかありません。

Ｗ《ウオーク》・Ｉ《イン》・Ｃ《クローゼット》の部分に少し食い込むように配置してみました。

こんな風にして考えながら出来上がったのが、次頁の図です。

間口は９・０ｍです。奥行きは最長７・０ｍになります。

２階の北側子供室の有効採光面積は、北側の窓で考えなければなりません。建物は北側境界線より２・０ｍくらいの空きが必要です。

敷地の奥行きは15・５ｍでしたから、前は６・５ｍの空きとなります。

自動車の駐車スペースとすればこれで充分でしょう。敷地の間口が11・０ｍですから４～５台は停められると思われます。

外観は次頁の図になります。前後ろへの勾配の切妻です。バルコニーがポーチ屋根になっています。

屋根はとりあえず瓦にしてあります。コロニアルでも構いません。

屋根勾配は４・０寸くらいにします。東側の棟は桁の高さより１・４ｍくらい上がっています。
屋根なりの勾配天井にすれば、子供室上部のロフトが旨く出来ます。
子供室の説明をします。
子供室の幅３・５ｍの寸法は

入口０・９ｍ、机スペース１・２ｍ、収納１・４ｍ、に分けられます。

ロフトは１・３ｍずつで良いでしょう。

Ｆ・Ｌ２・０ｍの高さにすれば、下の収納扉の高さは１・８ｍになります。机スペースも同じでいいと思います。

ただし、入口のドアは２・０ｍ必要です。

ロフトになる部分は１・３ｍ×１・８ｍですが、跳ね出しを設けて１・３ｍ×２・０ｍにした方がベッドに適しています。

２つのロフトは壁でふさがずにオープンにします。東側の３角に何らかの窓を設けた方がおしゃれになります。

では、１階より説明します。東側は３・５ｍ×７・０ｍのＬＤＫユニットです。これは当然リビングを南側にします。

真ん中の２・０ｍは前から、ポーチ、玄関、ホール、階段と廊下、そしてトイレとなっています。

外観パース

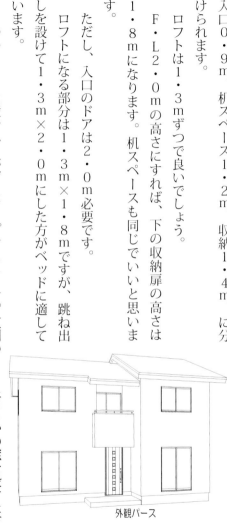

トイレや水廻りのドアが玄関より見えないように、もう1つドアがあります。

西側は前に3・5m×3・5mの和室＋床の間、収納等のユニットが有ります。

そして、後ろに2・0m×3・5mの浴室＋洗面のユニットがあります。

ちょうど説明しやすい間取りなので、尺モデュールとメーターモデュールの比較をしてみます。

ここでは9・0mを3・5＋2・0＋3・5に分けています。

同じ条件にするために1・8mを1間とした尺モデュールで比較します。

9・0mは尺モデュールの場合5間です。2間、1間、2間なら、3・6＋1・8＋3・6になります。

LDKや和室＋床の間、収納等は3・6mでなく3・5mでも大きな寸法の中では多少の融通がききます。

対面キッチンのところでは、2550寸法のI型を置いても、側面パネル収まりなら800幅くらいの通路を確保できます。

和室側も和室を2700にして床、収納等は奥行き800にすれば何とかなります。

しかし、真ん中の階段や廊下の場合はそんな訳にはいきません。

これらが1・0mの幅の場合と0・9mの幅の場合とでは、感じがまるで異なります。

トイレの場合も同じです。

話を1階間取りに戻します。

洗面は1・7m×2・0mです。残念な事に1・7mの短辺の方に洗面と洗濯を並べる形になっています。

何んとかしたい処ですが、残念です。

階段は直で9段、曲り3段、曲り1段の計13段になります。（ここの場合は変則、普通は14段）

トイレは1・0m×2・0mです。上の階段は10段目の部分からなので、天井は問題ありません。

トイレまでの階段下はキッチンからの収納になります。

2階に移ります。1階の和室＋水廻りの奥行き5・5mの上は寝室3・7m、W《ウォーク》・I《イン》・C《クローゼット》＋トイレ1・8mに分かれます。

寝室は3・5×3・7で7・83帖になりました。W《ウォーク》・I《イン》・C《クローゼット》＋トイレも1・8mで問題なしです。

ただ、階段を直でもう1段増やすとトイレのドアが付けられません。

W《ウォーク》・I《イン》・C《クローゼット》は1・5m×1・8mで1・8m×1・0mの収納を付けました。

ホールはそれなりにゆったりしています。

バルコニーも２・０ｍ×２・０ｍで充分な広さです。

子供室に関しては先に紹介した通りです。

何とかご主人の言われた夢のある家に近づいたのでしょうか。

１階のＬＤＫや２階のホールは風が抜けています。のびのび出来そうです。子供室も面白そうです。

何んとなく、80点くらいにはなっていると、「彼」は自分で思いました。

ただ、そう思いながらも、１つ気になっている処があります。

１階のトイレ＋洗面、浴室のあたりです。使い勝手が悪そうです。家事動線が悪いと言われるかもしれません。

ただ、だからと言ってここで考え直しはしません。

１回目はこうやって出すことにしています。これはあくまでも叩き台です。最終プレゼンではありません。

お客さまの感覚は多様です。最初からそのお客様にとって、満点になるプレゼンの提出などありえません。

この程度にならば突っ込まれる部分を残しておく方が、論点を絞りやすくなります。逆に良いのかもしれません。

大切なのは、ここから後の柔軟な対応能力なのです。

結局この形でプレゼンを作成して、「彼」は木曜日に提出してきました。不在だったのでポストに投函しておきました。

こうしておけば、日曜に顔を合わせて話をする前に、じっくりと最初のプレゼンを検討していただけます。

常々、「彼」は思っています。

お客さまとの間に契約が出来て、工事をさせていただき、完成して、引き渡しをする。その過程で、どこか問題なり、思い違いが有って、どうしても訂正をしなくてはならないとします。

その場合、どの段階が良いのでしょう。

簡単です。

この場合は、明らかに早ければ早いほど良い訳です。

最良は今のプレゼンの段階です。プレゼン提出の今の段階だったら、金銭的な問題もありません。

逆にこれが完成間近だったとしたら、かなり深刻なトラブルになるかもしれません。

プランニング段階だからと言って、話を深く掘り下げ過ぎると言う事はない筈です。早く最終的な計画の形に近づくのが1番良い事なのです。

お客様に、1回目のプレゼンから自分達の本当の要望に気づいてもらいたい。一刻も早く、最終的な形に近付くお手伝いをしたい。

これが「彼」の考える使命なのです。

そして日曜日。またお2人でご来店されました。ご夫婦はニコニコされています。

「彼」も少し安心しました。

お話を伺うと、先ず外観を気に入られたようです。

と言うか、正確には奥様曰く、気に入ったものに出来る可能性のある、外観の形と言う事でした。

「彼」の作った外観パースはまだまだなんだけど、コーディネイトの仕方によっては面白くなりそうだとの事です。

バルコニーやポーチ廻りを石調のタイルにして、和室とＬＤＫの両袖壁を少しふかせて見ようかしら。

奥様は少しコーディネイトの仕事に入っているみたいでした。

２階の子供室のロフトについては、プレゼンの図面だけでは分かりにくい筈です。少しフリーハンドで書き込みをしてあります。

これについてはお二方とも気に入られたようです。

ご主人は、正しく夢のある家になったとおっしゃってくれました。最高の褒め言葉です。

1階のLDKの中を南北に風が抜ける事。これは2階の寝室とW《ウオーク》・I《イン》・C《クローゼット》にも言えます。

そして同じくホールとバルコニーも、子供室2つもそうです。空気が澱まない事が絶対に必要なのだそうです。

ご主人はロフトについてだけ夢があると評価してくださったのではありません。

全般に行き詰ってない事を評価していただきました。90点くらいとまで言われました。

「彼」は少し嬉しくなりました。

けど、奥様はそんなに甘くありません。

案の定、水廻りについて突っ込んでこられました。使い勝手が悪そうなのだそうです。

そして、家事動線の悪さについても指摘されました。思っていた通りです。

そして2階の寝室のW《ウオーク》・I《イン》・C《クローゼット》については、収納があると逆に使い勝手が悪いそうです。

だからそのスペースを納戸にして欲しいと言われました。

するとご主人が、じゃあ納戸兼用の書斎と言う事で、と混ぜっ返されました。

「彼」は思わず笑ってしまいましたが、簡単な話ではなさそうです。

ただ、奥様は他の事に関しては問題はないので、何とか考えてよとの話でした。

先週、何社か見て廻った中で「彼」の会社と残り２社については、予算的に問題はなかったようです。

というより、彼の会社以外の２社はいわゆるローコスト住宅メーカーでした。

同じ要望を聞いて出してきたプランが36坪～38坪だったようです。

坪単価で言うと「彼」の会社より若干安い筈ですが、トータルでは逆に50～60万円くらい高めの数字を提示したようです。

その事も教えてくれました。

じゃあ、もう少しだけ坪数が増えてもよろしいですか。

「彼」はそう言いました。頭の中に案が出てきたようです。

どのくらいですか。そう尋ねられました。

４㎡つまり１・21坪です。

即座に「彼」は応えました。

じゃあ、50～60万円くらいのアップと言うことね。奥様は微笑まれました。

確かにそのくらいのものでしょう。残りの2社と同じくらいになります。

お二人して言われました。

別に皆さんの会社に価格競争をしてもらうつもりはありません。

もしその価格で今感じているプランに関する不満が全部解消される。

つまり次のプレゼンが本当に満足できるプランだったら、お宅にお任せしますよ。

あ、ありがとうございます。

そう言いながら、「彼」は気持が舞い上がっていました。

4㎡と言ったのは頭の中で図面を引いていた訳で、根拠のある数字なのです。

だけど、ここではあせらない事にしました。

じゃあ来週の日曜までに、プランを作っておきます。

「彼」は抑え気味にそう伝えました。

そのあとは、いろんな話になりました。

ローンの話や、工程の話、現実味のあるかなり深く立ち入った話もしました。

支払いの話や、登記の話。火災保険はどうするのが得なのかとか、矢継ぎ早に質問されます。

そして大よその話が済みました。来社されてから2時間くらいの頃、じゃあまた来週にと2人して帰って行かれました。

「彼」にとっては、何とも有意義な1日だった気がします。見送りをしてすぐに机に向かいました。グラフ用紙を取り出して、さっきから頭の中に有った物を書き出します。左の図です。

　考えていたのは、1階トイレを1m後ろに下げる事です。そしてついでに2階トイレもその上にしたらどうか、そう考えたのです。

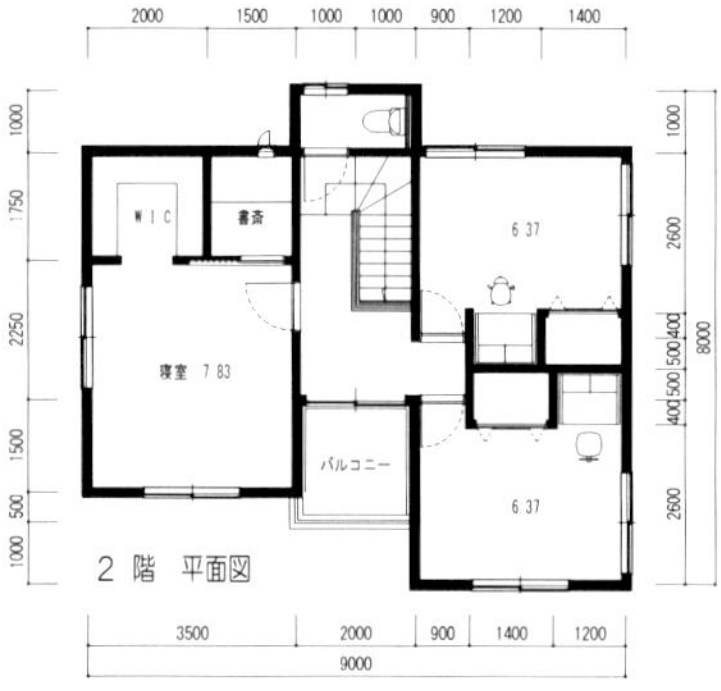

　そうすれば、1階と2階とに1m×2mずつ増えます。ちょうど4㎡です。それで即座に数字が出た訳です。
　敷地の配置は変わりません。トイレ部分だけが北側境界より1mの距離になるわけで有効採光の問題はありません。

1階の今までトイレだった場所はキッチンと洗面をつなぐ通路になります。洗面と浴室とは勝手が南北逆になります。

そして、2階はトイレを別の場所に持っていくことによって、問題が解決しました。寝室のW《ウォーク》・I《イン》・C《クローゼット》が広くなり、1つ1・5m×1・8mの書斎を設けることが出来ました。

2階トイレ部の屋根は本屋からの付け下ろしです。

トイレ入り口前では2階FLより1段下がっています。トイレの床も、その分下げればよいでしょう。

1つの案として、ここで2段下がったとしても、下は通路ですから問題無しです。そうすれば、階段は平面の14段になります。

水廻りの動線はこれですっきりしました。出入口の戸は片引き戸にしておけば動きやすいと思います。

図面はキッチンから通路に出る戸だけ開き戸にしてあります。これは隣に収納の両開き戸があるからです。

この戸を裏側廊下に持っていけば、これも片引き戸に替えられます。

いろいろと確認しながら、どうにか出来上がったみたいです。

ただ、やっとここまで来たのです。もう少し問題を考えてみます。

もし何か言われるとしたら何が有るのか。

1階は家事動線のために出入口の戸を開け放して使用するから、風はいつもぬけています。

でも、2階のホールは風が抜けません。

これを指摘されたらどうするか。

「彼」はそう考えてみました。

あっ、そうか。

書斎のトイレと対角の角を隅切りしてして、ホールからの縦滑り窓をつける案があります。

階段の降り口に3角の飾棚が出来て、逆に面白いのかもしれません。

ただ、これは提案としてご夫婦に話をしますが、今のプレゼンに書き込むのは止めておきます。

もうひとつ、気になる事が有ります。

キッチンから通路に出る処の天井の高さが1・8ｍくらいです。これもお客様には話しておくつもりです。

「彼」としての主義なのです。図面上で気になることは必ず、先に言うようにしています。

その上で、我慢できる事なのか、予算をかけてでも修正しておく事なのかは、お客様に判断していただきます。

次の日曜になりました。今回彼はあらかじめプランを届けませんでした。

お二方はテーブルの上のプレゼンを食い入るように眺められていました。

気になる処です。黙って待っていました。

10分ほど経ちました。ご主人が、大きく頷かれました。そして奥様もニッコリと微笑まれました。満足されたようでした。

「彼」もホッとしました。

なんでも、木曜あたりに「彼」からプレゼンが届くのを待たれていたようです。

少し楽しみにしていたのが、肩すかしを食った形になっていたそうです。

そんな処へ、この間のローコストの内の1社が、土曜日に親子のお楽しみキャンペーンを張ると言って、連絡が有ったそうです。

それで昨日はそちらに出向かれたそうです。住宅の話とかはなかったそうですが、家族で楽しかったとの話でした。

危ない処でした。

木曜に同じようにして届けなかったのは慢心です。「彼」は改めて、気を引き締める事にしました。

プレゼンの説明をして、気になる個所の説明を全部していきます。

大筋について納得をいただきました。

そして値段の話になりました。「彼」は駆け引きをしません。標準仕様でのギリギリの線を提示しました。

すると、分かりましたと。いとも簡単に了解していただきました。

じゃあ、段取りしてくれれば、いつでも判子を押すわよ。

奥様はそう言われました。

とりあえず、来週の日曜に申込金と印鑑とで仮契約と言う事になりました。

ご夫婦との初対面より1カ月内です。

「彼」の会社は、こんな場合、ドラム式洗濯機か40型テレビをサービスすることになっていました。

その事を「彼」は思い出しました。

それを告げると、お2人ともに素直に喜んでいただけました。

ついでにこれを今思い出した話をしたら、大笑いになりました。

こんな事は「彼」には初めてです。

来週迄に用意していただく物とかの話をしながら、先ずは一件落着にてほっとした処でした。

第8章　実践編

「NO6　33坪西間5・5接廊」

連休中のイベントです。普段と異なり、何組ものお客様が来店されます。4名の営業マンが順番に接客していきます。

「彼」の持ち番時、1番先に接客したのは明るく元気の良いご夫婦でした。2人ともに26歳で、この春に結婚されたそうです。

天気が良く、どこかへ行こうかと言いながら家を出て、たまたまここを通ったとの事でした。

のぼりを見て、じゃあ寄ってみようかと気軽に入られたそうです。

普通、結婚後すぐに家を建てようとなるような話はあまり聞きません。

「彼」が何気なくその事を尋ねてみると、ご主人の実家で、隣の土地を買ってくれないかと言う話が、急に持ち上がったそうです。

ご主人のお父様は、とりあえずそこを買われたそうです。

そして2人に、いつでも建てたい時に、マイホームを建てればいいぞと言ってくれたみたいです。

これまでは2人とも、最初しばらくはアパート暮らしでいいかなと思っていたそうです。

でも家賃だってばかになりません。少しマイホーム作りの事を勉強してみるか、と言うくらいの気持ちでここに入られたそうです。

とりあえず、ローンの話をしました。

仮に33坪プランを標準仕様ならいくらくらいかかるかも伝えます。土地がありますから、さほど大きな金額にはなりません。

今の家賃より月々の支払いが少し楽になる事が分かりました。すると2人して、少し本気モードになられました。

このご夫婦は友達同士みたいな感じで、相槌を打ちながら話が盛り上がって行きます。

「彼」はいつもお客様に、よそのメーカーを廻る事も勧めます。

ただ、習慣として、必ず自分の会社より格上の処を紹介します。

まちがっても、値段だけで勝負するような、ローコストのメーカーの名前を上げる事はありません。

「彼」には「彼」なりの矜持が有ります。

レベルの高い中で競い合いたいのです。そして、その中で自分のプランが評価されれば、嬉しいのです。

今日もそうでした。

この後の予定についてアドバイスを求めるこのご夫婦に、最近オープンした県庁所在地のハウジングセンターの話をしました。

そこで話が盛り上がり、隣のテーブルで接客中の社長が苦々しい顔をしています。

土地の話を聞くと、メモ書きされたものを出してくれました。

西向きで、間口9・0m。東西に長く、奥行きは22・0mになっています。約60坪くらいの大きさです。

オーソドックスに、「彼」がプラン作りの基本的な考え方を説明します。

南側の採光を重視します。そして西側は車の駐車スペースを最小限確保して、残りは東側に将来の増築スペースを残します。

2人して、いろいろ考えているような様子でした。

ちなみに、ご実家は北側隣になります。

そちらにはあまり窓を設けずに、1・0mくらいの空きにするつもりですとご主人が言われました。

結構薄情なのですね、と「彼」が言うと、2人して笑われました。

1階のリビング、和室は当然南からの採光を有効採光計算に使用します。2階の寝室も同じです。

子供室はオーソドックスに東向きです。多分、東側に子供室が2つ並ぶ事になると思います。

ここで、30坪台のプラン例を大きさ毎に4つ持って来て、これを見てもらいました。

大体の大きさを比較して、どれで行くかの確認です。

やはり、33坪プランになりました。

1階の和室とリビングについては、客間とかではなく、LDKの延長で繋がっていて欲しいそうです。

ただ、部屋としての独立した機能も必要らしく、押入、床の間、仏間とかは有って欲しいそうです。

単独で、その部屋から、廊下に出る必要はないみたいです。

一応、ＬＤＫと和室は接しているものとして解釈しました。

もう1つの条件である階段の性格についても、「彼」は確認します。これは今の処まだお子さんもいらっしゃらないからか、実感がないようです。どちらでもとのご返事でした。

そして2階の子供部屋2室のスペースについても、当分はオープンスペースにして置くつもりだとの事です。

ただ、プランとして提出の時はセパレーツの形にして出して欲しいそうです。入って来られた時から見ると、随分変わられました。全くの本気モードです。

2階についてはまだありました。

ホールの中に、どこか子供達の心に将来残って行くような、遊びのスペースが欲しいと言われました。

珍しく、奥様の方のご意見です。

それともう1つ、ホールに小さくてもいいから、収納が必要との事です。これは1階も同じです。出来れば外収納もとの事でした。

ご主人の仕事はどうも電力ではない燃料関係みたいです。エコキュートや温水器は設置しないそうです。

ボイラーなのか、エネファームなのか、分かりませんが、１階に屋根の有る設置スペースが欲しいそうです。

ざっと聞き終わりました。

東向きの場合もそうですが、南側からの採光を有効採光面積に算定するとなると、南側を２・５ｍくらい空けます。

そしてご主人の言われる通りに北側を１・０ｍの空きにすれば、建物の間口は５・５ｍに決まります。

外観についてはまだ分からないので、プレゼンを見せてもらってからとの事でした。

「彼」の頭の中には、この条件に対応する間取りが出てきています。そのプランを念頭に確認を続けます。

子供室を2室並べると、北側の子供室の収納と、２階のトイレの位置が難しい事になる事に気付きました。

それにこの場合、バルコニーかサンルームかと言う事は、今ここで確かめない方がいいのだろうとも思いました。

とりあえず、プラン例の水廻りの大きさとか、部屋の大きさとかを確認して、概算の予算と諸経費も伝えました。

そしてヒアリングを終えたのです。

来週の日曜のアポを決めました。いつも通り木曜あたりに、プレゼンをあらかじめ届けておく事を約束しました。

このご夫婦にすれば、何となく軽い気持ちで、ここへ来たのです。

それがいつのまにか、マイホーム造りが現実的な話になった事に、少し戸惑われているようでした。

「彼」はこの後よそのメーカーも2・3件廻った方が良いですよと声を掛けました。

やはり、隣では社長が苦虫をつぶしたような顔をしています。

ご夫婦が帰られると、すぐにプラン集を出してきました。やはり、思っていた通りです。

バルコニーではなくサンルームです。

じっくり見ると、不満か出てくる間取りです。80点に達しているかと言われれば、達していないのかもしれません。

しばらくじっと食い入るようにプランを眺めていました。

でも、いいか。呟きました。

いつも通りです。

木曜にこのまま届ける事にしたのです。プラン集の間取りは次頁の図になります。

間口は５・５ｍです。北側に１・０ｍと南側２・５ｍの空きです。東西の長さは11・５ｍになっています。

前面である西側を５・５ｍ空けると後方の東側は５・０ｍ残ります。

この辺りは加減かと思われます。

ちょっとした庭と言うのなら、こんなに必要ないのかもしれません。

でも、将来の増築スペースと言うのなら、これくらいは必要です。

外観に関してはまだ分からないとのお話でした。とりあえず無難で平凡な形にして置きました。次頁の図になります。

この場合の屋根勾配は側面です。とりあえず、将来の増築と言う事を考えたら、この方が良いのかもしれません。

こんな形が嫌いだと言われたら、その時はその時で対応します。

1階から検証して行きます。

西側から和室、リビング、キッチンとなっています。5・5mの間口は3・5mを取ると、残り2・0mです。

だから、こんな並び方が基本です。

玄関の横は和室です。玄関と和室の部屋と間に、押入れや床の間などを配置します。これが通常のパターンになっています。

寸法としては、床の間等＋和室部屋本体は0・8m＋2・7mとしています。和室自体は2・7m×3・5mの5・17帖です。

話のついでになります。

「彼」のプラン集の中で、居室の最低幅は今の2・7mです。この和室は部屋として出てくる1番小さなものなのかもしれません。

2階の子供室の場合、2・75m×3・5mの5・92帖と言うのがよく出てきます。今

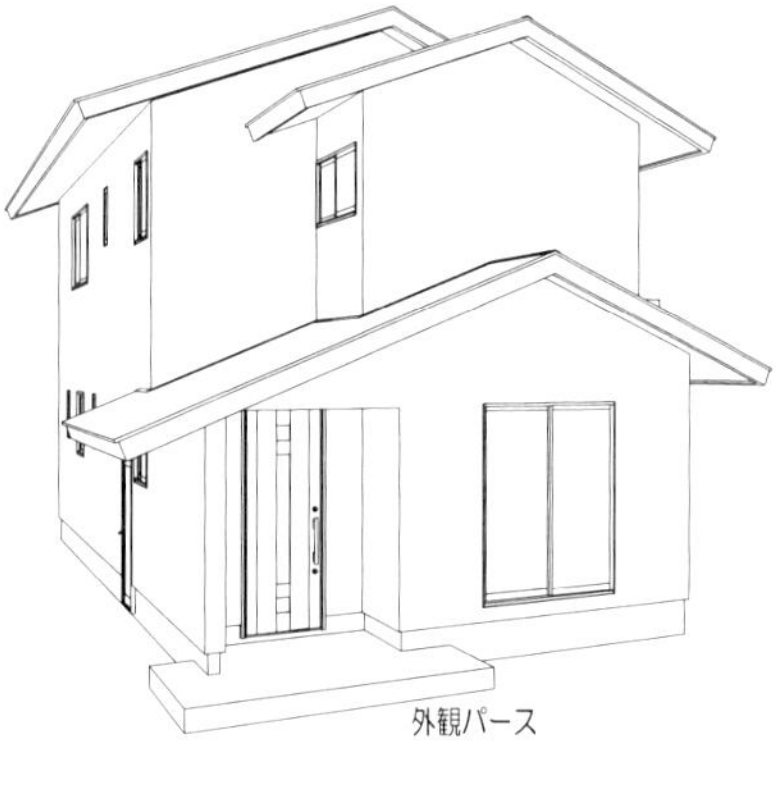
外観パース

回の2階子供室もそうです。

3・0m×3・0mの5・4帖と言うのは小さ過ぎるのでほとんど出てきません。ただたまに、3・0m×3・25mの5・89帖の部屋が出てくる事が有ります。

話を元に戻します。

和室は5・71帖で、1・5m幅の押入、0・9m幅の仏間、1・1m幅の床の間にしてあります。

この和室が3・5m×7・0mで14・82帖のLDKと引き違い戸で接しています。

そして、キッチンの後ろではなく横に2・0m×3・5mの浴室+洗面があります。

キッチンからの出入りを考えたら、後ろから洗面、浴室になります。

浴室の横はトイレです。トイレの横に曲がりから始まる階段が有ります。この階段の下は外からの収納と中からの収納です。

そしてホール、玄関、外のポーチとなっています。寸法は、1・25m、1・25m1・5mです。

これは、1・5m、1・5m、1・0mとすべきかもしれません。

トイレ前の廊下には、ホールとの間にもう1枚片引き戸が有ります。玄関よりトイレの戸を隠しています。

玄関からトイレの戸が見えないのは、「彼」のプランの鉄則です。

2階に上がると、また曲りで、上り切ってホールです。曲り3段、直8段、曲り3段の計14段です。

寝室は7・41帖です。隣接して南向きのサンルームと、同じ大きさながら少し隅切りされたW《ウオーク》・I《イン》・C《クローゼット》が有ります。

子供室は東側に向いて2・75m×3・5メートルの5・92帖が並び、互いに1・5m×1・0mの収納が付いています。

南側の子供室の収納の並びにホールから1・0m×0・3mの収納を付けてあります。

子供室入口ドアの柱芯々は0・95mです。充分余裕が有ります。

「彼」にとって気になるのは、2階トイレが階段の上り口の上にある事です。

いくら家族以外の者が通る処じゃないとしても、気持ちの良い事ではありません。それに圧迫感も有ります。

もう1つ、バルコニーではなくサンルームだと言う事も気になります。

減点対象と言う事なら、2階ホールに遊びが無いと言うのも当てはまります。

ただ、いつもの主義は変えません。釈然としなくても、木曜夕方にご自宅まで届けておきました。奥様が在宅でした。

日曜のアポの確認の話をすると、当初午前10時と言う事だったのですが、午後の3時にして欲しいと言う事でした。

勿論了解しました。

ただ、「彼」が訳を聞くと、2社ほどプレゼンをその日に持って来るとの事でした。その時間を先にした訳です。

その後に彼に会いたいと言う事です。ご主人と2人でそんな話になったみたいです。

他の2社がご自宅まで出向くのなら、「彼」もそうしましょうかと尋ねました。

すると、「彼」の処は近くなので、気晴らしになるからいいとの事でした。

了解して帰りました。

その日の「彼」は直帰でしたが、家に戻ってからも少し気にかかっていました。

今の自分の出したプレゼンのレベルについてです。

他の2社はもっと良い物を持ってくる気がしたのです。

資料もグラフ用紙もみんな持っていました。

わずか1㎡か2㎡だけ面積増を許可してもらったと仮定します。

今回だけは、先に最終プレゼンを用意して、持って行く気になりました。

何か胸騒ぎがするのです。

「彼」は机に向かいました。

とりあえず、お客様がどう言われるかは別として、自分として納得できるものを作っておこう。

そして、それを副案として持って行く事にしました。

その日は結局朝の3時まで机に向かっていました。晩飯もそのあたりに有った物をつまんだだけでした。

だけど、やった事は無駄ではなかったようです。納得出来る物が出来ました。

あくる日、会社にてもう1度ゆっくり見直しました。そして、CADオペレーターに依頼をかけます。

彼女も仕事が混んでいる上に、「彼」の分は今週2度目の依頼です。他の自分で出来る資料作りは自分でする事にしました。

見直しも有ります。日曜の午後になったのは、却って良かったのかもしれません。

日曜になりました。最終のプレゼンがきれいに揃ったのは午前11時を廻っていました。

何とか、納得できるものが揃いました。

次に、今日はどんな順番で話をするのか、そのシナリオをノートに書き出していきます。資料も一緒に揃えておく事にしました。

約束の3時より20分くらい遅れてご夫婦が来店されました。

やはり、嫌な予感は当たっていたようです。

2社のうち午前中届けてくれた1社はさほどでもなかったみたいです。

でも、午後1時に届けてくれたもう1社のプレゼンが「彼」の作成したものより少しだけ良かったみたいです。

そこで少し話が長引きました。それで遅刻になったそうです。

「彼」としては少しだけと言う言葉に少し救いを感じるものの、気になって仕方がありません。

もし宜しかったらと言いつつ、見せて欲しいと頼んでいました。

若いご夫婦はあっさりと2社分、一緒に見せてくれました。

確かにうち1社はレベルが落ちます。1級建築士事務所となっていますが、空間デザインに幼稚さが感じられました。

でも、もう1社は言われる通りでした。

坪数的には36坪くらいになっているのですが、「彼」のプレゼンよりもゆとりのようなものが感じられました。

ただ、和室の上がバルコニーだったり、玄関の上が2階のトイレだったりする事が

「彼」には少し気になりました。

けど、だからどうだと言われてしまえばそれまでです。

「彼」はここで、率直にこれは自分の木曜に出したものより上ですと認めました。

ご夫婦は、えっと言う顔をされました。

そうでしょう。

負けを認めたのかと思ったのですから。

「彼」はさっきから考えてあったシナリオ通りに話を始めました。

いつものプレゼンの仕方。80点くらいを目指して、物足りない部分を指摘してもらって最終プレゼンに持って行く事。

ただ、今回に限り、1回目のプレゼンが物足りなかったため、ここにもう1つプレゼンを用意してある事。

そして、「彼」自身の口から、自分のプレゼンを総括して、問題点をあぶり出して行きたい事。

その上で、もう1つのプレゼンを改めて見ていただきたい事。それらを伝えました。

どうでしょうか。

「彼」はこう言いました。

ご夫婦は狐につままれたような感じです。しばらくして、ようやく頷かれました。

ただ、ご主人のお話では、午後1時に持ってこられたプレゼンも、絶対と言えるほどではないそうです。

それに36坪〜37坪です。このメーカーの単価だと、明らかな予算オーバーになるそうです。

だから、そう言った話なら是非伺いたいとの話でした。

「彼」は自分の最初のプレゼンを前にして、自分のプランの欠点を、順番に上げて行きました。

いつもお客様にされている通りです。自分のプレゼンを攻撃して、これに宿題の番号を振って行ったのです。

ゆっくりと話し始めました。

先ず1階に給湯機の屋根が有りません。（宿題①）

これは、後付けの屋根ではなく、計算された余白でなくてはいけません。ご夫婦は頷かれました。

次に、1階の階段の上り口の上が2階のトイレになっています。

勿論、頭はつかえませんし、家族以外の者が行く場所ではありません。

でも、感じのいい事ではありません。それに圧迫感もあります。（宿題②）

ここで「彼」は一息入れました。そして図面を指さしながら2人に説明を続けます。

次に2階へ上がりましょう。

「彼」は話します。

いくら、南側が側面とは言え、バルコニーではなく、サンルームになっています。（宿題③）

もともとご夫婦が興味を示された他社のプレゼンの大きな要素は、バルコニーです。

「彼」の場合も、もとのサンルームの場所をバルコニーと書けば同じになるかもしれませんが、そんな事は絶対にしません。

「彼」がこのプランにバルコニーを持って来るとしたら、西側の玄関の上しか無い訳です。ご夫婦は大きく頷かれました。

そしてもう1つ。

「彼」は続けます。

2階のホールの遊びの空間です。せっかくのご提案を無視したかのようなプレゼンになってしまいました。

「彼」は頭をかきながら、言いました。

そこで、ご夫婦は笑い出しました。

まさにお2人が感じられていた事全部だったようです。

「すごい」

奥様が言われました。

「ご自分の作ったプランをこんなにきちんと分析されるなんて」

最終プレゼンを見せる前に雑談が有り、会社の女の子が3人にコーヒーを持ってきてくれました。

そして、「彼」が、自分の机まで1つ忘れ物を取りに行きました。その間にご夫婦で何か話されていたようでした。

「彼」が席に戻ると、ご主人が話をされました。

「実は、この1週間の間に情勢が急展開しちゃって。今は5月ですよね。家って今年内に住み始める事って出来ますか」

えっ、と「彼」は思いました。

けど多分11月くらいの完成と言う事でしょう。何とかなるかなと応えました。

勿論条件が有って、少なくとも今月中に話がまとまるくらいでないといけませんがと付け加えました。

お2人は大きく頷かれました。

どうやら、お子さんが来春誕生されるらしいのです。

じゃあ子供の誕生までに、新居が有った方がいいと言う話になったそうです。

ご主人はこの1週間の間に昼休みを使って銀行に行き、住宅ローンの仮審査を受けたそうです。

勿論何の問題も無かったようです。ご両親もいくらか援助してくれるとの話でした。

「この前、この33坪プランで行くといくらくらいかかるってお話を聞きましたよね」

ご主人が話されます。

「あの話、今度の再プレゼンでかなり予算がオーバーされましたか」

いいえ。

「彼」は答えました。

面積増は1・0㎡だけなのです。わずかの増額にしかなりませんよ。

「2人で今考えたのですよ。もし、再プレゼンを見せてもらって、僕らの思い通りだったら、お宅に決めちゃおうって」

ご主人の言葉に「彼」はゴクッと唾を飲み込んでしまいました。

ご主人の話では、もう1社の場合だと、坪単価は「彼」の会社よりかなり高いそうです。

今の場合、坪数も大きいから、「彼」の会社の価格との間に、３００万円くらいの開きがあるそうです。

この差は多少埋まったとしても、無くなったりするものじゃないでしょう。それに、そんなに値引きする会社でもないようです。

ともかく見てもらうしかないようです。「彼」はおもむろに、お2人の前にプレゼンを広げました。

そして黙っていました。それが次頁の図になります。

お二人は食い入るように図面に見入られています。

「彼」は思っていました。

「彼」がこのプランの中で気に入っているのは階段と2階ホールです。

決められた、面積の縛りの中で、階段に開放感が出てきました。

これを強調するために、上り始めの正面にも窓を設けてあります。

この窓はオペレーター付の開け下げにするといいのかもしれません。

そして2階ホールには子供さん達のために丸いカウンターを付けました。

前面に有る変形の棚は本棚でもいいし、飾り棚でもいいでしょう。いろいろ考えながら

楽しんでいけそうです。

このカウンターはパソコン用のデスクとしてご主人の書斎を兼ねても良い訳です。

子供室入口の行き詰った空間が少しだけ面白くなりました。

1階の中で、2階の北側の子供室の収納の下を給湯機の置き場としました。

1番悩まされたのは、この北側の子供室だったのです。

この子供室の収納と2階のトイレとのどちらかがネックになっていました。

結局、トイレはトイレの上に、収納は東側に持って行く事で、問題が解決しました。

バルコニーも玄関の上に持ってくる事で、西向きでは有りますが、問題解決です。

外観は次頁の図です。とりあえずは無難な形です。コーディネイトで、いろいろ考えればいいでしょう。

かなりの時間が過ぎました。ようやくお2人が顔を上げられました。そしてお2人で顔を見合わせると、にっこりとされました。

どうやら、「彼」の最終プレゼンは合格だったようです。

ご主人がよろしくお願いしますと言われました。

えっ、「彼」はあわてて立ち上がり、頭を下げました。

ありがとうございます。

思わず大きな声になっていました。

「彼」は成約を喜ぶのと同時に、大きく胸をなで下ろしました。

今日はもう1つ用意してあって助かった。

これに尽きるでしょう。

もう1社のプレゼン提出が昨日だったとしたら、このご夫婦の気持ちは離れていたのかもしれません。

そして、今日これを用意していなかったらどうだったでしょう。

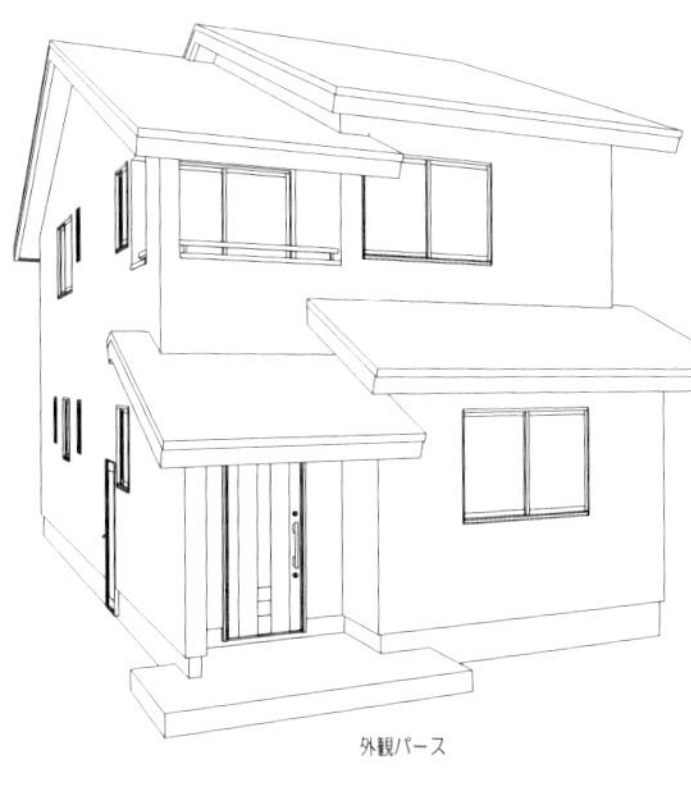

外観パース

いくら口では来週に完璧な物を用意してきますと言っても、少し嘘くさく聞こえます。

とりあえずは先ず、１つの結果になった事に関しての満足感に、「彼」はゆっくりと浸っていました。

第9章　実践編

「NO7　36坪東間9・0別L」

今回から、少しゆったりした間取りの話をします。先ずは36坪台です。

以前のお客様の紹介により、「彼」は新たなお客様の訪問を受けました。

約束の日曜の朝10時に、30歳過ぎくらいの、2人ともに穏やかそうな感じのご夫婦が見えました。

今回は、いつもと違って、ご主人のお母様が同居される同居住宅です。

家族構成は、ご夫婦に就学前の女のお子さん2人、そしてご主人のお母様の計5人です。

今どき、親と同居の家を最初から求めるとはと、「彼」は感心しました。

けど、少し話が違っていました。

お母様所有の土地に、お母様のお金で家を建てるのだそうです。

お母様は、建てる業者選定や段取りは息子夫婦に全部任せたと言う話です。

これだとどっちが同居するのか分かりません。「彼」の会社ともう2社くらいに声をかけてあるそうです。

敷地は東向きで間口が13・0ｍも有ります。奥行きは15・0ｍで60坪弱の大きさです。

当然、建てる時は建物を後方に下げて、前を駐車スペースにします。

普通はＬＤＫを南側に持って行って、1階和室を北側にします。けど、今回は和室を南側にして欲しいと、奥様から言われました。

ご夫婦は共稼ぎで、昼間不在だそうです。在宅のお母様の部屋の日当たりの方が、大切なのだそうです。

お金を出すとかではなく、合理性の問題だと言われました。

嫁姑の関係は良好そうだな。

「彼」はそう感じました。

予定している予算を尋ねると、微妙な感じでした。

ギリギリと言う訳ではありません。けど、完全な同居住宅にするは、少し厳しいかなと言った処です。

予算より逆算すると、36坪プランくらいです。これの1階和室を少し弄るような考え方でしょう。

それを念頭に話を聞いて行きます。

今回はお母様がお金を出されると言う事からか、奥様の方は一歩引かれています。

ほとんどの話はご主人がされています。奥様は少し付け加える程度です。

部屋の数自体は33坪プランと変わりません。ＬＤＫや子供室も通常通りです。

ただ、1階の水廻りの横にサンルーム兼用のユーティリティーが有って欲しいそうです。

ご主人は少しドライです。

自分の実親だからか、金を出すのは当然くらいに思っています。

母親室は押入、仏間、床の間は必要だけど、部屋自体は4・5帖も有れば充分かなと言って、奥様に睨まれました。

6帖弱くらいと、「彼」は書き込みました。

そのくせ、2階の寝室は8帖近い大きさにして、Ｗ《ウォーク》・Ｉ《イン》・Ｃ《クローゼット》もバルコニーもゆったり取って欲しいそうです。

そして、2階はホールがゆったりとしていて欲しいと言われました。

そこに、子供達が勉強したり、読書をしたりする共有スペースも設けて欲しいそうです。

勿論、子供だけでなく、大人がパソコンを開く場所でもいい訳です。

奥様からは、西日で布団を干せる屋根が欲しいと言われました。

1つ1つ確認していく事にしました。

1階の和室ですが、お母様の部屋です。

当然LDKとは分けますねと、「彼」が尋ねました。そうですすと、奥様が答えられました。

仲は悪くなくても、プライバシーとかは有ります。当然のご意見です。

そして、こんな場合えてして、リビング階段にされるものです。

と言うのは1階のトイレは勿論共有ですが、2階のトイレはこれによって、ご夫婦とお子さんだけのものになります。

リビング階段と言うのは、そこで他の人を遮断してしまいます。

「彼」の方から、そう切り出すと、奥様が頷かれました。

奥様の方からは、切り出しにくい話です。

そう言った調子でヒアリングを終えました。

来週の日曜のアポを取り、いつも通り木曜あたりに、プレゼンを届ける約束をしました。お2人は帰られました。

その後、「彼」はグラフ用紙とプラン集を出しました。

間口の広い敷地なので、正面からの建物の間口は、ある程度広い方が良いとの事です。

ご主人にはお姉さんと弟さんがいらっしゃるようです。みんなが家族で集まる事も有るようです。

そんな時に、この13・0mの間口なら5台くらいは駐車出来そうです。

そのためにも、建物はなるべく奥行きの浅いものにしたいと「彼」は思いました。

外観に関してのこだわりはあまりないようでした。大屋根のままの、大きな切妻でもいいような話です。

「彼」もそうしようかと思いました。

子供室を2室前面に並べると、それだけで間口の内5・5mを使います。

例えば9・0mの間口の建物を3・5m+2・0m+3・5mと言うような風に、段違いにしたりする事は出来ません。

本屋の大屋根も単純な一重の切妻にするしかありません。このために外観の確認をもらった訳です。

バルコニーは前に来ません。形としては少し平凡かもしれません。

でも、この場合、仕方ないでしょう。

「彼」独特の３・５ｍ×３・５ｍの水廻りユニットと言うものがあります。

これは１・５ｍ×３・５ｍのユーティリティー兼用の多目的サンルームと２・０ｍ×３・５ｍの洗面＋浴室とを合わせています。

この場合、使用の目的によって、その多目的サンルームをどの部屋に接続させるか、いろいろと考えられます。

とりあえず、そんな中、「彼」が自分に課している制約も合わせて、今回はプランを作りだしました。それが上の図面です。
間口は９・０ｍです。ただし、30坪の時や33坪の時と違い、敷地の間口が11・０ｍでは有りません。

この場合は13・0mです。

東向きなので、南からの採光をも有効にすべきです。

配置としては北側を1・0m空け、後方の西側も1・0m空けます。

すると、南側は3・0mの空き、前である東側は6・0mの空きになります。

車の駐車のためと言う事なら、これで充分でしょう。大筋でこの配置が大きく変わる事はないと思われます。

外観に関しては正しく大屋根のまま前後への切妻とした。左の図です。

後方はほとんど目いっぱいですから、後方への増築は有りません。

外観自体が不満と言うのであれば、何らかのデコレーションをつけるか、寄せ棟にするかとかになります。

1階から説明をします。

LDKと和室等の左右の入れ替えは勿論出来ます。ここでは、奥様が言われた通りにしてあります。

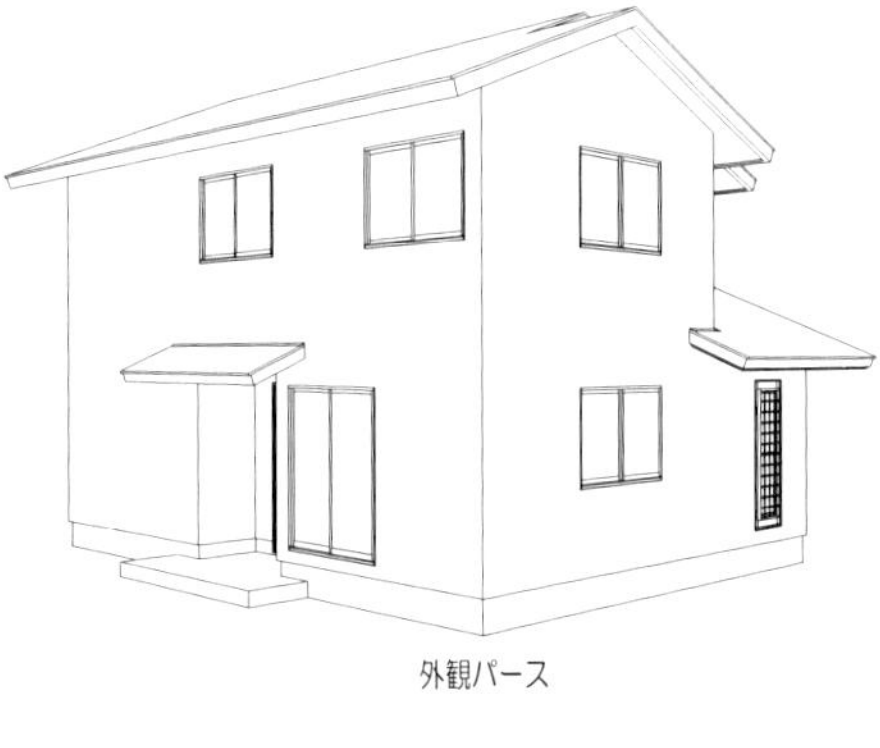

外観パース

昼間誰が在宅かと言う事もありますが、この場合にはもう1つ、サンルーム兼用多目的家事室が南面します。

利点もある訳です。

和室は押入1・5m仏間0・9m床の間1・1mとしてみました。奥行きは0・8mです。

リビング階段の上り始めは、家事動線の一部になっています。

洗面への入口は片引き戸です。洗濯と洗面は逆でも良いかもしれません。

ホールからの開き戸は閉めておいて、他を開けっ放しにしておきます。キッチンから洗濯、家事室への家事動線がつながります。

水廻りとサンルーム兼用の家事室を合わせた3・5m×3・5mのユニットの組み合わせは、いろいろ変えられます。

西側に1・5m×3・5mの多目的室を持って来て、和室境に洗面、そして浴室とする方法も有ります。

ただし、この場合は洗面と洗濯は1・7mの間に並べなくてはなりません。

0・9m幅や1・0mh幅の洗面化粧台は使用できません。

トイレは水廻りの横で階段の下になります。階段の12段目辺りからなので、天井の高さは大丈夫です。

「彼」がこの1階で、1番のポイントとしているのは、リビング階段の上り始めに有る片引き戸です。

ここからトイレの前に出て、そこからホールへも洗面へも抜けています。

「彼」は、これを新しい形のリビング階段として考えています。

また、この片引き戸が有る事によって、姑が簡単に2階へと上がる事を、拒否しているとも言えます。

もう1つ「彼」が考える事が有ります。

この多目的室は1・5m×3・5mも有る必要はないのかもしれません。

和室からその部分に少し食い込ませて、ミニキッチンを置く事もありえます。

けれど、今の段階では止めました。

2階に上がるとすぐにトイレのドアが有ります。「彼」には、階段の上りにくさが少し気になります。

バルコニーは2・5m×1・8m、トイレは1・0m×1・8mです。トイレのドア幅は0・65mくらいにしかなりません。

ただし、その分寝室は広くなっています。7・94帖です。W《ウォーク》・I《イン》・C《クローゼット》も少し広めで

1・5m×2・5mあります。

バルコニーを1・8m×2・0m、W《ウォーク》・I《イン》・C《クローゼット》を1・5m×2・0mくらいにして、その分をどこかに廻せないものだろうか。

これもまた気になる処です。けど、これも今の段階では止めました。

子供室は定番通り東側の正面に2室並べてあります。

ともに大きさは2・75m×3・5mの5・92帖です。収納は1・0m×1・5mでそれぞれ別の場所に有ります。

ホールは割にゆったりしています。そして、階段横に1・75m×2・5mくらいのファミリースペースがあります。

北側の窓を1・65m×1・1mくらいの大きさにしてもいいと思います。

西側を向いた下屋の屋根に、布団を干す時の出し入れに使えます。

北面西面に奥行き0・5mくらいのカウンターをFLより0・7mくらいの高さで設置します。

ファミリーライブラリーとでも呼べる素敵な空間になります。

ざっとこんな処です。今回の場合、「彼」が自分で採点すると、80点くらいです。

いつもだったら、ここでプレゼンを作って木曜あたりに届けておくところです。

けど、今回はちょっと気になる事が有ります。このまま、このプレゼンを届けてしまってはいけないように思えます。

「彼」の原則において、1回目の面積の縛りは絶対です。

でも、今回に限っては、その縛りを外してでも別の事を優先すべきではないかと思い始めました。

それは、ご主人の気持ちではありません。

スポンサーであるお母様と、奥様。この2人の意見を、旨く取り入れたものにすべきではないかと思いました。

場合によっては、姑さんの食事、トイレ、洗濯スペースまで分けてしまう。

そんな大胆な事さえ、こちらから提案した方が良いのかもしれません。

あの奥様が自分から、そんな提案をされる事は絶対にない筈です。

難しい処です。

一度、別々にしていないプランを見た後では、姑さんとの洗濯や食事を別々にしようとは、誰も言い出せません。

階段を0・5m下げると、1階2階合わせて、2・0㎡増になります。

そうしてでも、洗濯やキッチンを別にした、住宅メーカーとしての提案にする事が、今回は大切な気がします。

同居住宅に対する1つの新しい提案です。これはご夫婦、特に奥様の意見を代弁したものになる筈です。

そうやって、次の日にもう1度ゆっくり考えて直してみました。それが左の図です。

階段をゆったりさせる事と、姑さんの食事と洗濯の分離を第1に考えました。

トイレはどっちにしても、1階と2階とに分かれる訳です。

先ず、1階の水廻りの漠然とした多目的室と言うのを止めました。そして、姑さんの和室よりのミニキッチンができました。

洗面脱衣室は1・5m×2・5mです。洗面化粧台と洗濯機2台が並ぶスペースです。

両方のキッチンからの家事動線を考えてあります。

トイレの前に洗面脱衣室

と姑室のミニキッチンとに繋がる廊下が有ります。

そして今回「彼」は、階段をよりプライベート色の強いものに変えてしまいました。

階段はこれによって、2階で寝る者以外は上がれない形になってしまいました。

そしてキッチンからの収納と外からの収納があります。最後の上りきりは1階トイレの上となります。

1階に関して言えば最初のプランより、生活する人の意思が明確になりました。

これを見て奥様がどう言われるかが鍵を握っています。「彼」にはそう思えました。

ただ、勘違いされるかもしれませんが、「彼」は決して姑さんを排除しようとしている訳ではありません。

洗濯や食事を別にする事によって、互いのプライバシーをより尊重できる環境を作りたい訳です。

30年くらい前の姑さんであったら、すぐに家風とか言う言葉を持ち出しました。

自分の考えを押し付けたりする人が、多かったかもしれません。

でも、今のお年寄りは少し違います。なるべく摩擦を少なくしたいと考えられる方が多い気がします。

その上でなるべくみんなに迷惑をかけずに、身内の近くで生きていく。これが1つのスタイルかもしれません。

　２階はあまり変えていません。でも、階段は随分ゆったりしました。トイレのドアも、さほど気になりません。

　ホールの北側の窓は１・65ｍの幅にしました。西側に向いた下屋の屋根に布団を干すための窓です。カウンターは良い足場です。

　２階に関して言えば、ホール、バルコニー、Ｗ《ウォーク》・Ｉ《イン》・Ｃ《クローゼット》は随分広い気がします。

　このプレゼンをＣＡＤオペレーターに作成してもらう事にしました。

　そして出来上がったものをいつものように、木曜日に届けました。

「彼」は、今回のキーポイントは１階の母親室と水廻りだと考えています。

　これを見てご夫婦がどう言われるかが、１番気になります。

　とりあえずアポを取り、日曜の午前に「彼」の方が出向くと言う形にしました。

　すると、土曜の夜になって、遅くから連絡が有りました。

　ご夫婦のアパートではなく、今度建てる場所。今お母様の住んでおられる家の方へ、来て欲しいそうです。

　家を建てる時に解体する建物です。何らかの理由が有るのだろうと思いましたが、

「彼」はあえて自然体で行く事にしました。

日曜になりました。午前10時と言う約束です。5分前に着きましたが、時間ちょうどにチャイムを鳴らしました。

車が無いのが、少し気になります。出てこられたのはご夫婦ではなく、お母様でした。60年配の上品そうな女性です。

えっと思いつつ、「彼」は少し上ずった声で、名刺を差し出しました。

女性はにっこりと微笑まれています。とにかく和室に通されました。「彼」には少しばかり、後ろめたさが有ります。

「実はね、あなたと話がしたかったのよ。30分くらいすると、息子達が来ることになっているわ。その前にね」

「彼」はドキッとしました。

多分嫌みの1つも言われるのでしょう。覚悟しました。

家族の生活から、姑さんを排除していった図面です。へたをすれば、出入り禁止を言い渡されるかもしれません。

あれこれ言い訳を考えながら、和室の中を見回しました。

こぎれいなきちんと片付いた6・0帖の部屋です。亡くなられたご主人の遺影もちゃんと飾られていました。

さし出されたお茶を啜《すす》りながら、何か言わなくてはと、「彼」は考えていました。

「気に入ったのよ」

えっ。

確かにそう聞こえました。

お母様の話が始まりました。

「彼」のプランの話です。お母様としても、同居したら、これくらいの生活距離を作りたかったらしいのです。

食事であれ、洗濯掃除であれ、主婦が2人いていつも同じ場所で作業します。この場合、気を使うのは両方同じだそうです。

「あの嫁《こ》はいい子だから、良い関係を持ったままでいたいのよ」

そう言われました。

「本当はね、トイレも浴室も全部専用のものが欲しいけど。この程度の規模の家だから。このくらいで我慢しなくちゃね」

へえっ。

「彼」は驚いてしまいました。「彼」の考えのそのまた上でした。

この家の場合、この姑さんがこんなにしっかりしています。だからこその、良好な関係かもしれません。

話はまだ続きました。「彼」の会社以外に、昨日もう2社がプレゼンを持って来てくれたそうです。

けど、どちらも家族がみんな仲良くと言った趣旨のプランだけでした。

若夫婦のプライバシーは少し考えてあったみたいです。

けど、姑さんのプライバシーをデリケートに考えたと言った形跡はありません。そんな、図面だったそうです。

「息子達には言っておいたのよ。価格的な事は勿論勉強してもらえばいいけど、この住宅メーカーさんと、話をして行った方がいいわよって」

えっ。

サラッと言われてしまいました。

何やら狐に化かされたような感じで「彼」はボーッとしたまま頭を下げていました。

「ただし、この図面でOKではないの。まだまだ直して欲しい処はあるのよ」

何でもこの姑さんは、自身設計の仕事に就いていた事が有るそうです。

いろんな事は息子達と相談してちょうだいと言いながら、1つだけ宿題をくれました。

1階の和室と3・5m×3・5mの水廻りユニットの再考です。「彼」はこれを（宿題

①としました。

ご夫婦がいらっしゃいました。姑さんは呼応するかのように、用事が有るからと言って出て行かれました。

「彼」は最後まで自分のペースに持ち込めませんでした。

ただ、ご主人が教えてくれました。

今回のメーカー選びや、いろんな打ち合わせは、もともと姑さんがする事に決まっていたそうです。

ただ、前回はその事を隠しておきました。

先入観なしに各社どんなプレゼンを持ち寄るのか、見極めたかったらしいのです。

そしてその上で、「彼」のプレゼンを1番気に入ってくれたと言う話です。

ご夫婦は、このプランのままでいいそうです。ただ、お母様の宿題だけはきっちりと返して下さいと言った話でした。

「彼」は、設備の仕様や、構造の仕様の説明をしました。

そして、標準仕様の価格の話をします。駆け引き無く、ここまでなら価格を落とせると言った数字の話をしました。

お母様よりいただいた宿題については、木曜くらいに届けます。来週の日曜に再び伺う約束をしました。

「彼」は帰る事にしました。

会社に戻ってからも、感心するばかりでした。何か1本取られたと言った感じです。

何とかしてあの姑さんを唸らせたいものです。そんなプランを作らなければ、と言った気持になります。

そして、その日もまた1人遅くまで、1階プランと格闘です。

何かまだ、洗濯室が雑然としている気がするのです。

時間をかけて、結局下のようなプランになりました。

1階だけです。2階についてはそのままで良いと言う話なので、触らないでおく事にしました。

姑さんの洗濯室を別にしました。そして、姑さんの家事動線にも、考慮した訳です。

奥様は、洗面脱衣室に行くために、姑さんの洗濯室を通って行きます。ここは、西向きです。サンルームで有っても良い訳です。

姑さんの洗濯室と和室の間がキッチンになります。

1階平面図

窓は有りませんが、天井扇で換気します。

この並び方は幾通りも考えられます。正解を出すのは、使う人の感覚だと思います。

「彼」の方から正解を決める事はできません。いくつかの候補をＯＫと言われるまで出し続けるしかありません。

とりあえず、この形にして木曜日に出しておきました。

次の日曜日に「彼」はまた同じ時間に姑さんのお宅にお邪魔しました。

びっくりしたのは、グラフ用紙で、彼が考えた通りの事を、お姑さんが検討されていた事です。

「彼」が、そのことについて恐縮しながら話すと、笑われてしまいました。

「驚くような事じゃないわ。こんなの、基本中の基本よ」

こんな調子です。

「私が、考えてもまあこんな処かなって感じだわ。けど、トイレの前の廊下がちょっと無駄って言えば無駄なのよね」

本当に言われる通りです。「彼」もそう思っていました。

「まあ、いいわ。ひとまず、合格よ。来週あたりに仮契約の書類を持ってくればいいわ。その時はいくらくらい用意するのかしら」

またまた、恐縮して頭を下げる「彼」に対して、姑さんのペースが始まっています。

その後、1月くらい掛って間取りの再検討や、仕様の確認を行ないました。

正式の契約になったのはその日から2月後でした。

「彼」は今回勉強させられる事の方が多かったと思っています。

本当に凄い人と言うのはちゃんといるものなのだと分かりました。

打ち合わせの途中、みんなが迷う場面が来ると、必ず的確な指示が与えられたのです。

何でも亡くなられたお父様は小さな工務店を経営されていました。そこの管理設計士をされていたのが、お母様だったようです。

昔はよく2人してお客様の家にお邪魔して打ち合わせをされたそうです。

間取りの話になると、こんな優秀な設計士はまれだと言う事が良く分かりました。

ただ、構造に関しても仕組みの分かる人だけに、「彼」のプランやその応用について理解を示してくれたのです。

今回は運が良かった訳です。

いつでも、その場その場に応じて、真剣に頭の汗をかいて行くしかないのです。

その事を、改めて感じさせられました。

第10章　実践編

「NO9　36坪北間5・5別邸」

「彼」は普段マイペースです。

お客様に対して腹を立てることなど、めったにありません。

ただ、今回モデルルームを訪れたお客様に対しては、少し違いました。

アンケート用紙に書かれた内容を見ると、ご主人は35歳、著名な保険会社勤務で管理職、年収750万と有ります。

何か人を見下すような話し方をしてきます。

一緒にいらっしゃる奥様はそれをたしなめます。けど、ご主人にとっての住宅メーカーとは、そんな存在でしかないようです。

ただ、口ぶりでは、誰かの紹介のようです。そうすると、その人の為にもいい加減な応対は出来ません。

「彼」の会社で6社目との事でした。

6社全部に敷地と、欲しい部屋数、その他いろいろの要望を告げる訳です。

その上で、期日を切ったプレゼンの持ち寄りにするそうです。その際は、見積りも同時提出だとの事でした。

他の5社の名前を聞きましたが、言ってはくれません。

ただ、採算度外視かと言うようなローコストメーカーと、評判の悪いこれもローコストの地元メーカーとは入っているそうです。

嬉しそうにそう仄めかしてきました。

何を最重要視するのですか。そう尋ねてみました。

すると、先ず価格だとの話でした。「彼」は馬鹿馬鹿しくなりました。

とりあえず聞くだけの事は聞いておいて、後でどうするか考える事にしました。

自分の主義に合わない場合、プレゼンに参加しないと言う選択肢もあります。

話の途中で紹介者が誰なのか分かれば、その時点で判断しても良い訳です。

敷地から確認する事にしました。北向き間口9・0mの幅の狭い土地です。奥行きは22・0m、だいたい60坪くらいの広さです。

正面を5・5m東側も出来る限り空けて採光を採りたいと言う事です。

いつもの5・5m間口か。「彼」は心の中で呟きました。

子供さんは2人です。1階にはLDKの他に6帖くらいの和室と水廻りです。

2階には収納付子供部屋2室、寝室とW《ウォーク》・I《イン》・C《クローゼット》、バルコニーとトイレ、そして何か家族のくつろげるスペースと言う事でした。

36坪プランで行けば良いのか。「彼」は思いました。

そのつもりで部屋数、そしてその大きさをプラン通りに確認してみました。すると、ほとんどその通りでした。

さらに、細かく訊きます。

1階の和室はリビングに接していていなくてもどちらでもいいみたいです。ただ、玄関ホールからの入口は欲しいそうです。

そして階段については、リビング階段じゃない方が良いとの事でした。

外観についてはまだ考えがまとまっていないらしく注文は有りません。ただ、プレゼンには外観パースは付けてくれとの話でした。

出てきたものを見た上で考えるのでしょう。

住宅メーカーの営業マンと言うのは、言えば何でもしてくれる人間と、決めてかかっているようです。

とりあえず、プラン集の中の、条件に確当するプレゼンをそのまま届けておこうか。

「彼」はそう思いました。

話が来れば本腰を入れればいいし、来ないのならそれもいいかなと言った感じです。

少し邪魔くさくなっています。

「彼」は自分のプランの説明をしておくことにしました。頭の中に、持って行くプランが浮かんでいます。

1階のLDKは14・82帖で、南側にキッチンが来ます。先ずこの了解を取りました。了解と言うより、ここで話をしていてもピンと来ていないようです。

2階についても同様のパーツについての説明をしました。

でも、寝室は出来るだけ広くとしか返ってきません。馬鹿馬鹿しくなって「彼」は説明を切り上げました。

部屋の向きについての説明をしても、それがどうしたと言った態度でしかないのです。

そして、今回あまり気乗りはしないのですが、いつも通りに木曜に届けると言いました。

日曜日のアポの話をすると、届けるだけでいいと言われました。日曜の連絡は向こうから入れると言うのです。

さすがに、「彼」は木曜に届ける事を撤回しました。

そして日曜に持って行くと言いました。

すると、しぶしぶと言う様子で、その次の週の日曜ならと言う事になりました。

何でも、他の5社で今度の土日は全部埋まっているみたいです。

比較するだけだから、それ以前に届けてくれてもいいのだがと、まだ言っています。

「彼」は次の週でいいですと、はっきりと言いました。

午前10時と時間をも決めて、お2人は帰って行かれました。

プラン集からプランだけは出してみました。

さっき、頭に浮かんだ通りです。そのまま出すつもりです。それでもいつも通りにグラフ用紙に書き写しているのは同じです。

それが次頁の図です。

説明をします。

間口は5・5m。奥行きは12・0mです。北側である正面を5・5m空けると南側は4・5m空きます。

いずれ増築と言う事になっても、3・5mに5・5mくらいの増築が考えられます。6

坪弱の建築面積です。
1、2階合わせると12坪くらいが建てられます。かなりのものです。
そして建物の西側を境界から1・0mにして東側を2・5m空けます。リビングと子供室の有効採光面積計算は東側の窓を使って出来ます。外観は次頁の図になります。

オーソドックスに本屋は東西、下屋は北側へ変則的な切妻屋根にしました。

将来の増築を考えたため、本屋は南北ではなく、わざわざ東西の切妻にしておきました。

2階平面図

1階平面図

外観に何かインパクトが欲しければ、本屋を尻掛けにでもすれば良いのでしょう。

ただ、

「彼」の主義とは違います。

形というものは本来その必然性が有ってその形になるものです。

あざとく無理やり付けたものは、どこか不自然さやわざとらしさが残ります。

１階から説明に入ります。

先ず玄関は２・０ｍ×１・25ｍでホールも同じです。横に和室が有って出入りできるようになっています。入口に０・９ｍ取られて、残りは１・３ｍの押入、０・９ｍの仏間、０・９ｍの床の間となっています。いろいろと並べ替えは出来ます。広さは６・95帖です。

和室の南側は７・０ｍ×３・５ｍのＬＤＫが有ります。14・82帖です。

南をリビングにすると、和室と繋がりません。和室よりＬＤＫに入った処は、リビングでなくてはなりません。

だから、南側がキッチンになっています。

玄関ホールと廊下はドアによって区切られています。玄関からトイレのドアを見せない

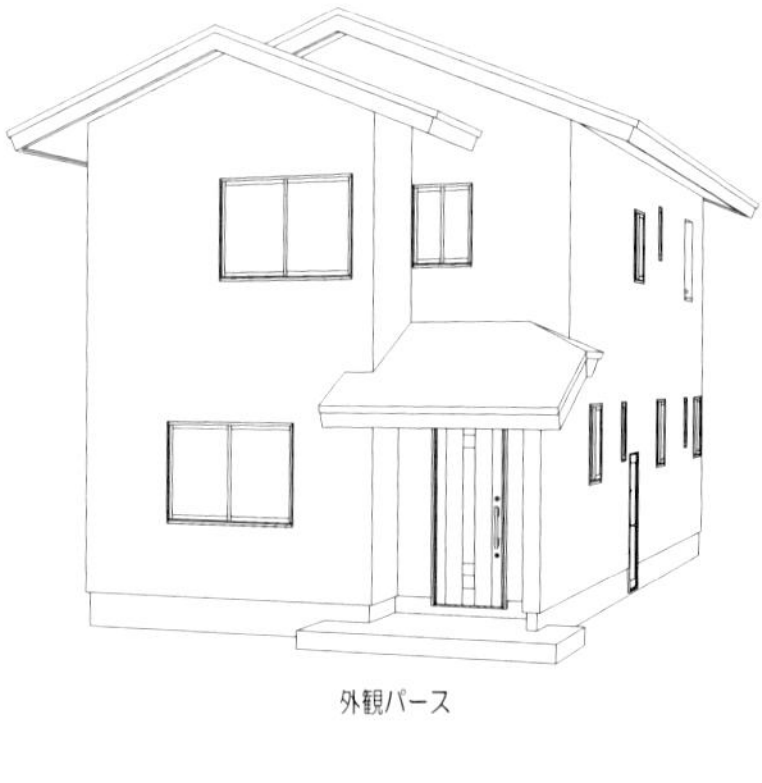
外観パース

ためです。

階段下はトイレと外部収納になっています。

水廻りは２・０ｍ×３・５ｍの洗面＋浴室のユニットに２・０ｍ×１・５ｍの家事室的多目的室を付けてあります。

並べ方や開口の形は、いろいろと考え方が有ると思います。

階段は直で10段、周りで３段の計13段になっています。

どうしても14段有って欲しい場合はＷ《ウオーク》・Ｉ《イン》・Ｃ《クローゼット》を０・２ｍ縮める方法があります。

ただ、今の処はこれでいいと思います。

２階は降り口の反対のホールに、たまりになったファミリースペースが有ります。

ここは北側に窓が有ります。階段の降り口にも西側に面して０・74ｍＷ幅の引き違い窓が有ります。これで風は抜けます。

そして階段の隣には１・５ｍ×１・０ｍのトイレが有ります。

部屋は南側より４・０ｍ×３・５ｍの寝室（８・47帖）があります。

２・０ｍ×２・０ｍのＷ《ウオーク》・Ｉ《イン》・Ｃ《クローゼット》とこれまた同寸のバルコニーが隣接しています。

その北側に３・０ｍ×３・５ｍの子供室（６・35帖）がそれぞれ１・３ｍ×１・０ｍの収納付で並んでいます。

1階2階の壁バランスについては、無難に出来ています。子供室は通常より少しゆとりがあります。

ざっとこんな処かな。「彼」は呟きます。

何とか合格点かとも思いました。

手をかければもっと良くなる気はしますが、今これ以上する必要はありません。

普段でしたらこのプランをお客様の処に置いてきますが、今回はそれをしません。

今回受注が来る可能性は低い気がします。

仮に、「彼」のプランで、よその業者が施工する事が有っても、著作権とかの有る話ではありません。

もともと、「彼」のこのプラン集と言うのは、ローコストメーカーに対抗して考え出したものです。

例えば、お客様が建物にかける事の出来る予算の中で、相手は35坪のプランで値段を絞って来ます。

それに対して、プラン自体の無駄を絞ります。そして、エキスだけの30坪にして、対抗する事を考えました。

同じ図面での値段勝負と言うことであれば、「彼」の良さは出てきません。

２週間後の日曜に会ってから、１度これを見せます。脈が無いと思えば、そのまま引き上げてくればいいのです。

そんな事を考えながら、「彼」はＣＡＤオペレーターにグラフ用紙を手渡しました。

ここ1年を振り返ってみると、こう言った感じのローコストメーカーとの勝負は、だいたい負けています。

たまに旨くいった場合も有りますが、勝率で言うと2割以下でしょう。

相手方に採算を度外視して受注をして行く営業マンがいる場合があります。

その住宅会社自体が瀕死で延命のために受注しているような場合があります。

そんな時は、ほとんど勝負になりません。

「彼」の場合は、設計事務所ではありません。黙って引き下がるしかないのです。

そこまで値段だけに固執され、相手先のプランのままで建てられると言う事であれば、納得はできます。

縁が無かった訳です。

お客様との相性かもしれません。

もし相性が良ければ、「彼」のプランを前提にしてくれます。その上でいくらまでの値引きが可能なのか、もう1度尋ねられます。

２週間が過ぎて、その日曜日がきました。「彼」はあまり気の進まないまま、お客様の家を尋ねました。

プレゼンは勿論持っています。

ただ、気に入らない事があったら、そのまま失礼するつもりです。幾分、普段より「彼」の顔は強張っていたかもしれません。

けど、どう言う訳なのか、肩透かしでした。

今回は、ご主人の愛想が格段に良くなっていました。少し気味が悪いくらいです。

話を始めるとすぐに訳が分かりました。

他社のプレゼンがどれも気に入らなかったようです。

奥様の入れてくれたコーヒーを啜《すす》ります。

とりあえず「彼」は自分の持って来たプランを見てもらう事にしました。

「彼」がプレゼンを広げると、奥様もご主人の横に座られ、２人一緒に食い入るように図面を見続けられました。

ようやく何分かした後、お２人ともに頷かれました。

やはり大筋こんな形のものを求められていた事が「彼」には分りました。

そして、ご主人はこれを待っていたとも言われました。

ひと安心かと思いましたが、いつものお客様とは違います。「彼」は、それをすぐに思い出しました。

これで話がスムーズに進んで行く訳ではないのです。

いっそのこと、今後どうやって話が展開していくのかを、自分の方から聞いてみる事にしました。

はたして、やはりと言う感じでした。

このプレゼンが気に入ったので、これをローコストで有名な、A社に見せたいそうです。

A社ならいくらでやれるのか、訊いてはいけないだろうかと言われるのです。

「彼」は黙って広げてあったプレゼンを丸めました。

「あっ」

そこでご主人が待ってほしいと、それを止めました。

そして、先日来の無礼を丁寧に詫びられました。その態度があまりにも真摯です。

「彼」は、ひとまずご主人の話を伺ってみる事にしました。

話が進むにつれて、どうしてこんなに値段に拘るのか、理由が分かりました。

ご主人にとって、マイホームの夢はかなり切実なものでした。

2人して土地を買った後、どうにか1000万円の預金をためました。そしてやっと、今回の話になった訳です。

お2人にとって、お金は何にもまして大切なものなのです。そのお金を1円たりとも無駄にしたくないそうです。

だから、インターネットを駆使してあらゆる情報を仕入れています。

ローコスト住宅メーカーだからと言って、安かろう、悪かろうでは困ります。

そうならないためのセイフティーネットを、自分たちなりにちゃんと用意されています。

その1つは第3者機関による何回かの施工検査を必ず義務付ける事です。

そしてもう1つは完成引き渡し保証契約の締結です。その保険機関の証券と引き換えにして、1回目の契約金の振込をします。

そして地盤に関しては、自分の知り合いに調査させた上で、改良工事を行います。

地盤に関しては、土地はもう自分のものなので調査が済んでいます。

ベタ基礎であれば、その下は1・0mくらいの表層改良で済むようです。

だから、建物以外のほとんどの金額がつかめているようです。

建物と諸経費とを全て入れて、2000万円で収めるのは、2人の決め事です。

お金のありがたさが身にしみたお2人です。無駄なお金は少しも使いたくないのです。

そして、ここ最近は新たな事で悩みました。

どうすれば良いプランと安い価格とが重なるのだろう。これを、ずっと考えていたと言う話でした。

知り合いから、設計事務所を紹介してもらって、ラフプランを作ってもらいました。

ただ、これが全く駄目で自分の存在感だけを示そうとする図面だったそうです。

今回の6社と比較しても1番下に来るようなレベルのものだったとの事です。

それに単価が高くなるような感じは目に見えていました。仕方なく3万円ほど包んで引き取っていただいたそうです。

ラフプランの筈なのに、安すぎる、人を誰だと思っていると、随分悪態をまき散らされたそうです。

そこで仕方なくメーカーを廻り始めました。

けど、いいなあと思うメーカーは、見込み客にしか、プランを出しません。

それに単価を聞くと、まず無理と言う事がすぐに分かりました。

そう言う訳で、先ず「彼」の会社以外の5社を選びました。

そんな時、奥様の友人が「彼」の会社ではなく、「彼」の事を教えてくれたそうです。

そのお友達も「彼」の会社で建てた訳ではありません。ただ、「彼」のプランとその態度に対して、随分と好印象を持たれていました。

それで6社になったそうです。

「彼」には心当たりが有りました。

半年ばかり前に、ローコスト住宅メーカーと競り合っていました。そして、最後の最後に、信じられない値引きを掛けられました。

何でも、向こうのメーカーとしては、どうしても落とさなくてはいけない物件だったらしいのです。

8分格好こっちへ来ると信じていたために、社長には随分と嫌味を言われました。

社長は、そんな時は「彼」もそのくらいの値引きをすべきだと言うのです。

けど、それは「彼」のスタンスではありません。

値引きすべきものなら最初から値引きしておくと言うのが、「彼」のやり方です。

向こうがそんな値引きをしたのは向こうなりの事情があったからです。

こっちまで泥沼に入って行ったら、いつもそんな事をしなくてはなりません。それが、「彼」の言い分です。

その時の「彼」の潔さに対して多分申し訳なく思ったのでしょう。

その後、「彼」の住所をどうやって調べられたのか、贈り物が届きました。「彼」とすれば、会社の仕事の一環による事です。会社への届けものとして、それを社長に渡しました。

中身が何だったのかは、今も知りません。

話がそれました。

お二人が他の5社に対して失望した事は話の通りです。やはりローコストとの話はこんなものなのかと半分あきらめかけました。

何か別の方法を考えて見ようかと、考えていました。

ただ、奥様が昨晩になって友達から聞いた「彼」とのいきさつをご主人に話されました。

そのため、今日は最初から丁寧な応対に、切り替わったのだそうです。

それも褒められる事ではないのかもしれません。

ですが、ローコストメーカーの1つとして見られるよりはまだいいのかと、「彼」は思いました。

ただ、だからと言ってこのプレゼンで他社からの見積もりを取っての比較は困ります。

その事をはっきりと「彼」は伝えました。

「じゃあ、こんな話はどうでしょう」

ご主人が話されました。

「ここからはあなたとプランを詰めます。そしてプランが煮詰まった処で、あなたの会社ともう1社から見積もりを取ります」

ご主人は一息入れました。

「ここで判断するのは値段だけではありません」

「彼」は黙っています。

「いろんな条件、例えば瑕疵保証や完成引き渡しの保証、そして会社としてのアフターの考え方等を全部考慮します」

一息入れられました。

「その上で私達がどちらの会社にするか判断したいのです」

「彼」は聞き入っていました。

「私達がもう一方の会社を選んだ時は、あなたの会社ではなくあなたに報酬を支払います。勿論、3万円とかのつもりはありません」

ご主人は少し微笑みました。

「あなたにとっても、あなたの会社に対する義理立ては済んでいます。アルバイトとして受け取って欲しいのです」

「彼」は思いがけない話に少し驚きました。

「そして、出来る事なら、設計監修と言う立場で、最後まで付き合って欲しいのです。あなたが前面に出る必要はありません」

真剣な態度でした。

「向こうから出てくるものに、こんな書類を付けてもらえとか、こんな場合はどうするとかのアドバイスが欲しいのです」

ご主人は筋書きが出来ていたように、すらすらと続けていきます。

「その場合、あなたに工事費の3％を支払っても、A社なら予算的にはクリアーします」

「彼」はそうだろうと思いました。

「勿論、あなたの会社で建てる事が出来ればそれが一番良い事ではあるのですが」

話が一段落しました。

何とも「彼」には難しい話です。

勿論、「彼」の会社がもう1社と同じ値段を出せば問題が無い事は分かっています。

でも、それがまず無理な事は「彼」が1番よく知っています。

ご主人が話される話は理屈が通っています。

ただ、会社の時間や場所を使って出来たプランです。黙って報酬を受け取ってしまったら、会社に対しての背任行為になります。

この事については会社に戻ってから、社長に相談することにしました。

プラン自体を練って行く事に関しては何の障壁も無くなりました。プラン作りを進めて行く事には、はっきりとOKしました。

図面を前にして話が始まりました。

すぐに指摘を受けたのは1階の水廻りの配置です。サンルームは洗濯室をも兼ねて日当たり良くして欲しいそうです。（宿題－①）

ただ、今の処はそのぐらいかなとの事でした。他に思いついたら、連絡をするけど、とりあえずこれを直して欲しい。

その上で来週の日曜日にもう1回来てくれないかと「彼」は言われました。

勿論、「彼」が断わる理由は有りません。

来た時よりも幾分なごんだ顔で、「彼」はお邪魔をしました。

会社に戻ると午後6時になっていました。

日曜なので、もう誰もいないと思っていたら、社長だけが事務所にいました。調度良いと思い、「彼」は今日の事を伝えました。

やはり、社長は良い顔をしてはくれません。これは予測のついた事です。

全力をあげろ、利益率を通常より下げてでも取れと言われました。それだけでした。

仕方がないので、プラン直しにかかります。プランに没頭していると、いつのまにか社長はいなくなっていました。

ＬＤＫの並びはこの場合変えられません。変えるとすれば２・０ｍ×５・０ｍの水廻りの並びだけになります。

２階はそのままにして、バルコニーの下にそのままサンルームを持ってきました。

サンルームが洗濯室を兼ねるのなら、脱衣室は１・２ｍ×２・０ｍにします。洗面化粧台が置けるさえすればよい訳です。

台所から洗濯室兼用サンルームを通って脱衣室に行きます。家事動線もすっきりしました。次頁の図です。

そのあたりで今日はやめる事にしました。明日の朝ＣＡＤオペレーターに渡す資料は出来たので帰り支度にかかりました。

次の日曜に改めてプランを持って行くと、はたして完璧になったと喜んでもらいました。

その段階で、約束通り2社による競合になった訳です。

全力を上げようとします。予算をぎりぎりまで絞ります。利益率はもう5%下げる事を社長に了解してもらいました。

ただ、この場合も社長は諸手を挙げてと言った感じではありません。「彼」がそこまで言うならと言った態度です。

結果はそれでも150万円近い開きが有りました。やはりと言うべきでしょう。

2階平面図

1階平面図

お客様とすれば、仕方ありません。もう1社の方に決める事になりました。

はたして、「彼」に対して設計監修の話が出てきました。

社長にもう1度話すと、とにかく駄目の一点張りでした。「彼」としてはそれ以上動けるはずもなく、断り続けました。

ただ、最低限のアドバイス

だけはしておきました。

するとと、どうやって探されたのかご夫婦よりの現金書留が届きました。中に20万円が入っています。

元々のいきさつがありましたから、会社に行ってそれを社長に渡しました。

社長は黙って受け取りましたが、話はそれきりになりました。

相手に何かお礼を言った様子でもありません。釈然としないものが、「彼」の胸に残りました。

第11章　実践編

「ＮＯ１１　39坪東間６・５接Ｌ」

39坪クラスの大きさになると、30坪あたりの場合と比べて、遊びの部分が多くなってきます。

間取りについて、決定的な解答を絞り込むのはなかなか難しいのかもしれません。

これに２㎡程度の増減まで認める範囲となれば、ものすごく多くの選択肢が考えられます。

今回、「彼」の処へ、めずらしく３人連れのご家族がいらっしゃいました。

50年配のご夫婦が20代後半くらいの息子さんと一緒でした。

キャンペーンの期間中です。たまたま「彼」の順番でした。

どうやら息子さんはまだ独身らしく、結婚の前に新居を建ててしまおうと言う話です。

昔はよく聞いた話でしたが、最近では少し珍しい気がします。

多分結婚される相手がいらっしゃるのだろうと思い、「彼」は何気に尋ねてみました。

するとご両親の方から、現在募集中ですとの返事が返ってきました。

「彼」は変な事を訊いたかなと思いました。

ただ、「彼」とすれば相手の方がいらっしゃるのなら、そちらの意見も伺いたいと言うのがいつものスタンスです。

お母様は、募集中の事を強調しながら話を続けます。息子さんの方は苦笑いをされていました。

お母様だけが目立っています。息子さんは幾分マザコン気味なのかなと、「彼」は思いました。

息子さんは公務員です。この市の税務課に勤務されているそうです。

住宅の話になりました。

息子さんが話されます。

資金繰りの話からです。

共済とかからのローンなどはあまり使わないで済ましたいそうです。

自分自身の預金と、両親からの贈与の枠内の現金で、考えているみたいです。

土地はご両親と今暮らしている家の隣に、お父さん名義の空き地が有ります。

ここを借地として借りて、その上に建てるつもりだとの話でした。

よその人から見れば、随分羨ましい話です。

「彼」はそう感じました。

その空き地は東向きです。間口は10・0m、奥行きは20・0mくらいです。ご両親の家の南側にあたります。

以前、隣の土地が売りに出ました。お父様は将来南側に庭でも造ろうかと考えて、何気にこれを買ったそうです。

「彼」は頭を整理します。

東向きで間口6・5mのプランです。最初の分類が出来ました。

プランの細かい話になると、お母さんだけが話されています。息子さんはそれを見ているだけでした。

これで大丈夫かなと、「彼」は少し心配になりました。

とりあえず、「彼」の方から提案していく事にしました。それを1つ1つ確認してもらいます。その方が、話が早そうです。

LDKはいつもの14・82帖です。隣接して3・5m×3・5mの水廻りユニットを配置します。

６帖程度の和室については、お母さんの方から話されました。

将来お嫁さんのご両親が泊られたりする場合を考えて、ＬＤＫとは別れた部屋が良いそうです。

そして、床の間や仏間、押入もしっかり付けて欲しいとの事でした。

階段については、リビング階段か廊下階段かを「彼」が尋ねました。息子さんは何かを言いたそうでした。

でも、そこでもお母さんの方が話されます。

リビング階段と言うのは冷暖房の効率が悪いと聞いた。そんな話が、延々と続きます。

すると、息子さんの方も喋る事をあきらめました。

一応の処、廊下階段。

「彼」は書き込みました。

２階の部屋に関しても「彼」の方から提案を続けます。

７帖以上の寝室、１・５ｍ×２・０ｍ以上のＷ《ウォーク》・Ｉ《イン》・Ｃ《クローゼット》、１・５ｍ×２・０ｍ以上のバルコニー。

そして６帖くらいの収納付の子供室が２室。

ここで待ったが入りました。

お母さんです。

2室ではなく、3室必要なのだそうです。これには今まで喋らなかったお父様も賛同されました。

息子さんの方はため息をついています。

その他に2階には、1・0m×1・75mのトイレと、ホールのファミリースペースがあります。

39坪プランの提案です。「彼」は確認を続けていきます。

外観については6・5m間口の東向きプランです。東側の2階に子供室を2室並べる事になります。

オーソドックスな、玄関廻りに下屋が有る形にはなりません。

キューブ式にするか、大屋根の切妻になります。

切妻なら、前後の勾配か、両横への勾配です。単調で面白くなければ、尻掛けと言う屋根を段違いにする形も有ります。

「彼」がそうやって説明をすると、お父様から提案が有りました。

キューブ式にして南側に勾配を持って行けばどうかと言われるのです。

とりあえず、ここではそれを採用しておく事にしました。

これで訊き取りを終えました。

ただ、「彼」にはちょっと気にかかる事が有ります。それで、一応プレゼンが出来た段階で連絡を入れますとだけ伝えました。

お父さんお母さんの熱意とかは分かるのですが、息子さんの気持ちと言うのが全然見えていません。

よその業者の処へも、こんな調子で2社ほど今日行かれたと言う話でしたが、何かまだ現実的な匂いがして来ません。

出来れば、1度息子さんだけと話してみたいのです。これが、「彼」の考えでした。

「彼」の会社に来たのは息子さんの友人の勧めだそうです。

先刻ちらっとそんな話が出ました。ただそれが誰なのか分からないまま、その話が終わりました。

その後、仕様の話とか、別途工事の説明とかを、印刷物を前にして行いました。そのあたりで、その日の話は終わりました。

帰られてから、「彼」はどうしたものかと迷いました。気乗りがしないのです。

その日、プラン集を出すのは止めました。そして別の仕事しているうちに夕方になりました。

そろそろ仕事を終えようかなと思った頃、来客だと案内が有りました。出てみると先刻の息子さんです。そしてきれいな女性と一緒でした。すぐに上がっていただきました。

話を伺ってみると、やはり「彼」が気になっていた通りでした。

先ず息子さんには結婚を誓った女性がいた訳です。ただ、少しだけ訳有りです。親に言い出せないまま、今まで来たそうです。

息子さんとすれば、２人で住む家なのです。彼女の意見も聞いてゆっくりと考えればいいと考えていました。

慌てる話では無かったのです。仮に結婚したとしても、当面はどこかのアパートにでも入ればいい訳です。

「彼」には意外でした。

息子さんは、先刻と違ってとても饒舌です。「彼」はもっぱら聞き役に廻る事にしました。

「彼女を両親に合わせる事をズルズル引き延ばしていました。もう時間的に限界です」

いきなりそんな話です。

「でもうちの両親に彼女を紹介する前に、彼女の両親に私が挨拶する方が先だと思っています。そうですよね」

そう言われましたが、「彼」とすれば黙って頷くほかは有りません。多分、出来ちゃった婚なのかと思いました。

「ちょっと、突然の提案になりますが、聞いていただけますか」

息子さんから問いかけが有りました。「彼」は大きく頷きます。

「今日、3社廻りました。私には変な話、どこの会社で工事する事になっても、それなりの建物にはなるような気がしました」

そして、「彼」を見ました。彼女も目を閉じたまま、聞いています。

「ただ、そんな中でお宅さんだと幾分話がし易いかなと思いました。それで、ここを訪ねてきた訳です。」

「彼」は黙って聞いていました。

「今から2人して述べる意見を、お宅のプランでまとめて下さい。3社のうちの1社として、そんな形でプレゼン参加して下さい」

息子さんは大きく頷きました。

「そして、そのプランが納得出来て、親にも受け入れられるとします。その時はお宅で建てもらうように話を持って行きたいのです」

なるほどと「彼」は思いました。

息子さんとしては、昼間の調子でプランが出来上がっては困ります。

と言って、3社全部にこんな話を持ちかけるのも大ごとです。

何となく相性の良さそうな「彼」に、白羽の矢を立てた訳です。

「彼」に、異存など有る筈が有りません。

何となく「彼」は息子さんを見直しました。

話を聞いているうちに彼女がバツ1で有る事が分かりました。

多分そのために、両親が反対するかと考えて、紹介を延ばしていました訳です。

ただ、その問題は2人で切り開いて行けば良い訳です。「彼」とすれば「彼」自身の役割に徹して、協力を誓うしかありません。

息子さんはこの次の週末に彼女の家に行くそうです。彼女の両親より結婚の承諾を貰うつもりでいます。

その上で自分の両親の処へ2人で行って、両親を説得するつもりです。

何としても頑張って欲しい。

「彼」は、本心からそう思いました。

２人を前に「彼」は改めて、アンケート用紙を取り出しました。そして、ヒアリングを始めます。

先ず、ＬＤＫは南側に向いて欲しい事。これはご両親の家とは反対の方向を向く事になります。

そして、階段はリビング階段のほうが良いそうです。

和室はリビングに繋がっていて、押入れだけあれば良いそうです。畳コーナーでも良いくらいだとの話でした。

彼女の方はあまり話をしませんが、真剣に頷いています。彼女の家も同じ市内です。彼女の両親が泊りに来る事は先ず有りません。

そして、子供部屋に関しても２つで良いとの話でした。だけど、「彼」はここで待ったをかけました。

「彼」は少し笑いながら、話します。

ご両親を前にして、和室に仏間を設けない事。リビング階段の方が良い事。これらを私の口から言うのはかなり難しい事です。

でも、これらだけならまだ、何とか言いましょう。

「彼」は２人を見て続けます。

でも、子供部屋が３つじゃなくて２つでいいなんて事、営業マンの口から言えると思いますか。

「彼」が訊きました。

２人はそれを聞くと笑い出しました。

「彼」は続けます。

確かにそうですよね。そんな事を言ったら、普通大きなお世話でしょう。逆だったら、言うかもしれませんけどね。

「彼」のセリフを聞いた２人は顔を見合わせました。

３つでいいのか。１つは納戸か書斎にしてもいいのか。と納得されたようです。

それと、勝手口はプライベート玄関とか、玄関からキッチンに入るものなら欲しいそうです。

ただ、フロアーから直接外に出るタイプのものは欲しくないとの話でした。これに関しては「彼」も同感です。

話はそのくらいでした。

とりあえず、プランを水曜あたりに作成しておきます。水曜の夜は少し遅くなってもここで打ち合わせをする事にしました。

お2人は帰って行かれました。「彼」の方も、この日は少し遅くなったので、要点だけまとめておきます。

プランを作成するのは、明日の仕事にします。忙しい1日でした。

次の日、「彼」は朝1番にプラン集を取り出します。この間口、この敷地の向き、その他の条件を当てはめたプランを出してみました。

この時の条件の場合、「彼」の分類の名前は「39坪東間6・5接L」となります。

読んで字の如くです。

39坪プランの東向き玄関で、建物の間口が6・5m、和室とリビングが接していて、2階へはリビング階段から上がります。

「彼」は、30坪、33坪、36坪、39坪についてそれらを分類してあります。

それぞれ、48通り分の平面図と外観パースとを、いつでも見られるように保存してあります。

昔、自分の趣味から昂じたものが今は「彼」の武器になっています。

このままで最初のプランにしても良いのですが、勝手口がフロアーから直接外に出る形になっていたので、それだけを直しました。

この段階であまり出来過ぎていても、お客様の突っ込みどころがなくなります。

これくらいで、提出するのが調度良いと「彼」は思っています。

これをグラフ用紙に書き写してみました。それが、左の平面図と次頁の外観パースです。ＣＡＤオペレーターに出しておきました。

そして水曜の夜がきました。８時頃お２人で来店されました。事務員達も、帰宅した時間だったので、「彼」がお茶を用意しました。

２階平面図

１階平面図

そして、お２人にはその間出来上がったプランを見てもらいました。

「彼」が席に着いても、２人はしばらくそのままでした。ようやく、５分くらい経って、彼女の方が顔を上げました。何か言いたそうです。

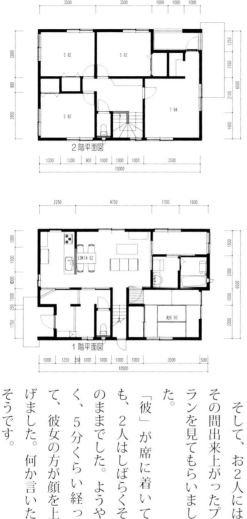

そこで、「彼」は自分の方から口火を切りました。いつもの口上です。

この最初のプレゼンと言うのは、あえて完璧なものを用意していないのだと言う事。

そしてここで気づいた事を全部言ってもらった方が、次の段階で完全な物に近づいて行く事。

どんな事であろうと気づいた事は全部言って欲しい事。

それらを述べました。

すると、どうでしょう。

2人して、せきを切ったように注文が出てきました。

先ず家事動線の悪さを指摘されました。（宿題①）

キッチンの後方が水廻りではないのです。

このプラン集を考える時も、気付いていました。ただ、これは39坪と言う制約が有ると難しい事かもしれません。

次に、ポーチはもっと広く、玄関も広くして、シューストッカーとかも欲しいそうです。（宿題②）

次に階段です。

これは、前回の意見撤回と言われました。

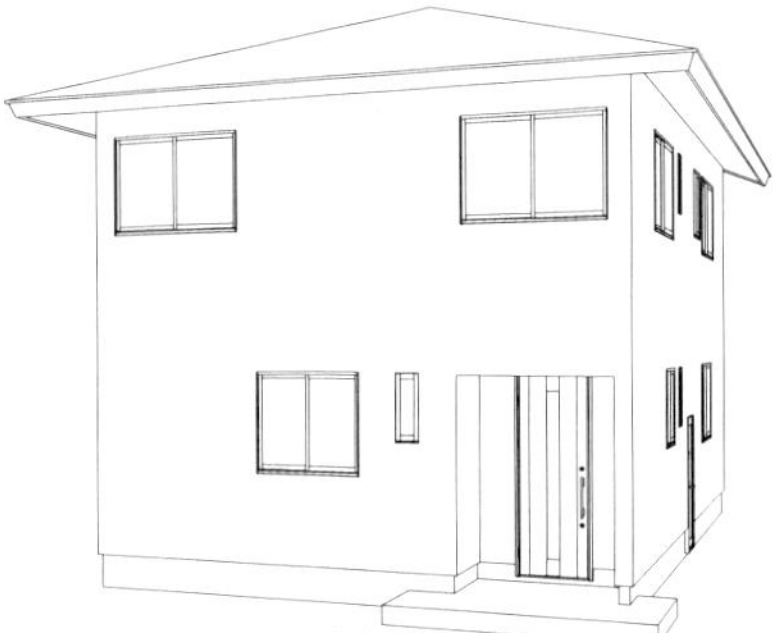
外観パース

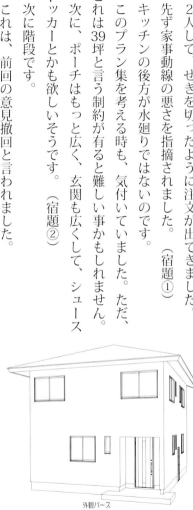

じゃあ廊下階段ですね。

「彼」は言いました。

「違います。今両親と、揉めたくありません。一見廊下階段にしておいて、どこかの段階でさっとリビング階段にしたいのです」

そう言われました。（宿題３）

「彼」はうーんと腕を組んで唸りました。

どちらかの階段にするより、ずっと難しい事を言われてしまいました。

和室についても有りました。仏間はどちらのご両親も健在ですから、無くても良いでしょう。

けど、床の間については、一応その意見を尊重してプランに書き込みます。

これも隙を見てさっと収納に変えてしまうのだそうです。（宿題④）

やれやれと「彼」は思いました。

確かに彼とすれば、先日のご両親との対話を尊重した形になるので、気持的には嬉しいのです。

ただ、そのために数倍分、頭の汗を掻かなくてはならないようです。

３・５ｍ×３・５ｍの水廻りユニットについては、南側がサンルームなのでこれで良いそうです。

ただし、家事動線を直すと言う事になれば、ここもそのままという訳にはいかないでしょう。「彼」はそう思っています。

そして2階に上がります。

部屋数も配置も、大体こんな感じかなと言われました。ただ、W・I・C《ウォーク イン クローゼット》がもう少しすっきりして欲しいそうです。（宿題⑤）

W・I・C《ウォーク イン クローゼット》を通ってバルコニーに抜ける事は問題が無いと言われました。

何か感じがもう少しすっきりとして欲しいそうです。難しい問題です。

そして最後に極めつけの難問が有りました。

息子さんが話されます。

両親からのある程度の援助を当てにして家を建てる訳です。

だから、最初の話である39坪プランと言う大きさを必ず守って欲しいと言うのです。

えっと「彼」は訊き返しました。面積増なしで、これらの宿題を解決させて欲しいと言われた訳です。（宿題⑥）

うーんと「彼」は唸ってしまいました。

今までに何度も、いろんなお客様相手に、同じようなケースでのプランの作り直しをしました。

けど、そのつど2㎡程度の面積増は認めてもらった訳です。その事を息子さんにも話した筈です。

けど、どう言う訳か、譲ってもらえません。「彼」は頭を抱え込んでしまいました。

そんな「彼」を見かねたのか、息子さんがヒントのような事を話してくれました。

建物は今奥行きが10・5mです。これが、少しくらい長くなってもいいそうです。

西側の境界から1・0mくらい空けてあれば、前は6・0mくらいで十分だと言われるのです。

敷地は奥行き20・0mです。20から1と6とをひいて、13・0mくらいまでは建物を長く出来ます。

そしてもう1つありました。

部屋はこれ以上大きくなっても、小さくしないで欲しいそうです。

けど、例えば2階のホールなんかはこんなに広くなくても良いとの事でした。

ただ、「彼」にもこれが救いになるのかどうかは分かりません。

そしてもう1つ。

外観はあまり単調なものではなく、斬新なものにしていただければ、との話でした。

（宿題⑦）

その他に、すぐに子供室が3つ必要になる訳ではないので、うち2室は当面オープンスペースで有っても良いそうです。

これは宿題と言えるものではありませんから、宿題の数には入れないでおきました。

息子さんはもう一言付け加えました。

「彼」の噂を耳にした時、何でも難問を言っておけば、たちまち解決してくれると言う話だったそうです。

その話を直接ではなく又聞きで聞かれたそうです。

そうなのでしょうと改めて尋ねられました。

とんでもありません。

「彼」は言い張りました。

まして、面積増も無く、良いプランに変わるものなら、最初からそっちを持ってきます。幾分、語気が強くなりました。

お2人は黙って「彼」を見ています。

ただ、努力はしてみますが。

最後の「彼」の言葉にお2人は、やったーと言った顔で、にっこりとされました。

その後は雑談でした。どうやら、彼女の家で、ご両親に挨拶されたようです。初耳でしたが、お2人は幼馴染だそうです。

彼女の両親から歓迎を受けたらしいのです。でも、娘が初婚でない事を、とても気に掛けられていたそうです。

お2人は今度の土曜日に2人して、息子さん側のご両親に会う事になっています。ただし、今の処は誰を連れて行くとかは、言ってありません。

話が旨く行って欲しいですね。

「彼」は心から、そう言いました。お2人は大きく頷かれました。そして、ほどなくしてお2人して帰られました。

次の日、「彼」は朝からプランに取りかかりました。わき目も振らずに没頭していました。

LDKの並びを東側から、リビング、ダイニング、キッチン、そして水廻りユニットの順にしたいのです。

この場合、和室の開口がリビングに接すると言う条件がネックになります。

北側と南側とを東西にずらしてみます。LDKの有る側3・5m分を西側に2・5mバックさせると何とかなりそうな気がします。

そして、和室の西側に1・0m分床の間と押入とを設けてみました。次頁の図です。

2階の東と北とに面した子供室がネックでした。南側の子供室も下の3・5mの南北のラインに合わせました。

何とかなりました。

順番に検証していきます。（宿題①、④）。

そして玄関、ポーチも若干広くなり、シューストッカーも設置されました。これもOKです。（宿題②）

そして階段はすぐにリビング階段に切り替わります（宿題③）。

次に2階寝室のW《ウォーク》・I《イン》・C《クローゼット》もバルコニーへの通路はそのままですが、両側にクロークを配置してスッキリとしました。（宿題⑤）

そして、1番の難題だった（宿題⑥）です。0・25㎡の増で済みました。

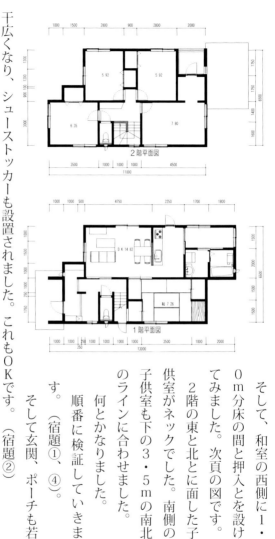

1回目は131・75㎡、39・85坪。今回は132・0㎡、39・93坪です。まちがいなく、39坪台です。

何とかギリギリでクリアーさせています。

外観については下の図です。これについては1例を示したにすぎません。

ただ、1つの解答にはなっています。（宿題⑦）

外観は、今からの話です。「彼」だけでなく、コーディネーターもまじえて話を詰めて行けばいい訳です。


とりあえず、若者向きの形にしてあります。

プレゼンの準備をしてこんなにわくわくしているのは初めてでした。

建物だけでなく、他にも気になる事が有るからです。

CADオペレーターにグラフ用紙を渡しました。出来上がったものを手にして連絡を待ちます。


土曜の夜遅く、「彼」の携帯に息子さんから電話が有りました。日曜の午前10時にみんなして、伺うと言われました。

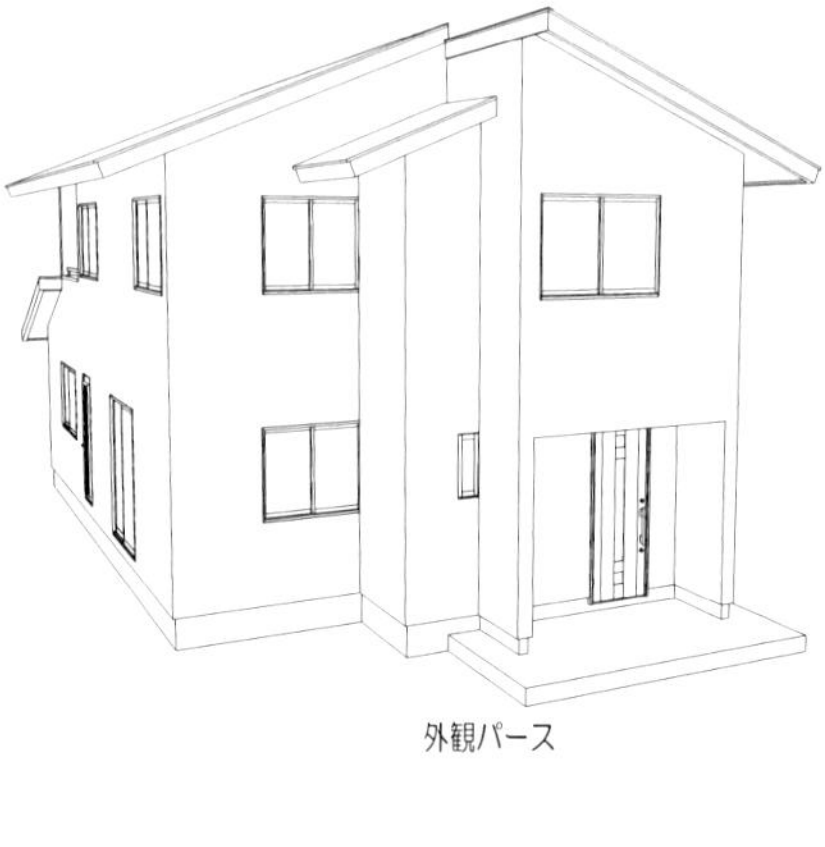

外観パース

向こうからは、ご両親の声がします。「彼」の方から、経過を尋ねるのは遠慮しました。声が明るかったので、多分とは思いました。

あくる日、午前10時に4人揃って来社されました。結婚話の方が「彼」には気になりました。

結果から話します。

全て円満に話は決まったそうです。

彼女は、お母様に昔から好かれていたそうです。何のこだわりもなくすぐに話は終わったようです。

そして、お母様が、他の2社のプレゼンをテーブルの上に置きました。2社は昨日届けて来たそうです。

「彼」はあっと思いました。

そうです。ご両親の前では、「彼」の会社はまだ3社の内の1社なのです。

「彼」はあわてて、自分の処の最終プレゼンを出しました。

「彼」の心配は杞憂でした。

木曜にここに来られた事も話されてあったみたいです。そして、プランに関しては4人とも完璧に満足していただけました。

今日はこれから、彼女のご両親と一緒に昼食を取りながら、日取りとかの話をするそうです。

なるべく早く着工して欲しいそうです。

そのため、来週の日曜に仮契約に来られると言われました。

「彼」にとっても、こんなに早いクロージングと言うのは、初めての事でした。

第12章　実践編

「ＮＯ12　39坪南間5・5別Ｌ」

平日のある日の夕方の事でした。営業マンは「彼」以外みんな出ています。

30代後半くらいの男性が、ふらりと来社されました。「彼」が名刺を渡すと、話を伺わせてほしいと頼まれました。

こんなお客様はあまりいません。少し面食らいながらも、接客ブースで接客する事にしました。

テーブルに着くと、男性は鞄からノートを取り出しました。何やら、話をメモして行くそうです。「彼」には初めての経験です。

男性は、市内に有る大手機械メーカーの工場に、勤務されています。今は社宅住まいですが、何かと制約があるそうです。

奥様と話をしてマイホームを持とうと言う話になったそうです。ご家族は、ご夫婦とお子さん3人の5人家族です。

小学生の子供さんが2人、こちらは2人とも女の子です。その下にもう1人年長組の男の子がいます。

この辺りの事は、「彼」の方がアンケート用紙に書き込みをします。

男性の実家は関東で、奥様の出身もそちらだとの事です。将来はお2人とも関東に戻るつもりかもしれません。

この人達も、売りやすい不動産を持ちたいそうです。

建物の業者に関しては、先ずローコストメーカーで有る事が、最優先だと言われました。

確かに、一理あります。そのためにメーカーに対して、気を付けなくてはならない事を、教えてもらいに来たと言われました。

「彼」はあきれるのではなく、素直に感心してしまいました。

土地については、かなり良い場所に60坪の物件が有って、目星を付けたそうです。

ただ、良い場所なのですが、間口が9・0mです。少し狭いので、まだ決断できないそうです。

気持ちさえ固まれば、すぐにでも手付を打つつもりだそうです。

どうやら、1千万円くらいの預金は有るみたいです。土地に関しては、それでおつりがきます。その土地は南向きだとの事です。

話が始まりました。いつもと違い、男性の方が聞き役です。

「彼」はそれに応えていきます。

具体的なプランとかではなく、一般論の話です。瑕疵担保責任とか、完成引き渡し保証とかについて訊かれました。

ネットでかなり調べてあるみたいです。かなり突っ込んだ質問を浴びせてきます。

ただ、これは大切な事です。「彼」もそう思っています。

完成引き渡し保証に関する保険に入るのであれば、第3者機関による工事中の検査が必要です。

図面に書いてある配筋やコンクリート強度、そして金物や外壁の下地、そして屋根をきちっとチェックしてもらいます。

そうすれば、ローコスト業者であったとしても、安心出来ます。

そして、地盤に関しては、信頼できる調査会社を、自分で探した方が良いと言う話を付け加えました。

ローコストの業者に対して、誰もが一つの不安を持ちます。その業者が完成の前に倒産しないかと言う事です。

完成引き渡し保証保険とは、そんな不安のために生まれた保険の制度です。

「彼」の会社は場合によって、これをかける場合があります。

その事を告げましたが、この男性は興味を示しませんでした。

一般論としての保険の話。例えばどの時点で契約金を支払うのか、と言うような話が聞きたいそうです。

少し気になります。熱意は分かります。

ただ、「彼」からこんな事に関する知識を、吸収出来るだけ吸収しようとしているみたいです。

本当は、よそのローコストのメーカーで工事をさせたいのかもしれません。ただ、そうは思っても、「彼」のペースは変わりません。

その後、諸経費や保険の話とかをしているうちに、午後10時を回ってしまいました。

あまり遅くなっても、と男性が言います。

そして、明日も夕方の5時半くらいに来社して良いかと「彼」に訊いてきました。

本来なら、「彼」の休みの日です。

が、別に特別な用事がある訳でもないので頷きました。

そして了解しながらも、男性が今後どうやって業者を決めて行くのかを尋ねてみました。

するといともあっさり、値段の一番安い業者と応えられました。

この分だと、「彼」の会社の仕事にはならないかもしれません。

と言うものの、男性の態度は真摯で好感が持てます。「彼」の方もそれ以上問い詰めるのを止めました。

ただ、明日は休みの日です。

会社で接客するのではなく、男性の家の方へ訪問させてほしいと言いました。

今の処、受注に結び付く可能性は低そうです。休みの日に出てきて、会社の場所を使用する事に少し抵抗が有ります。

子供が3人もいるから、汚い家ですよと言われました。そして、じゃあ明日の夕方にと言われて、帰って行かれました。

次の日は会社に来るつもりがありません。「彼」は、資料を持って帰る事にしました。

次の日の夕方、「彼」は男性の家を尋ねました。男性は帰宅されています。

初めて顔を合わせた奥様に、こんな時間にお邪魔することになった非礼を詫びました。

奥様は話を聞いていたのでしょう。「彼」が休みなのにここへ来るようになった事を、逆に詫びられました。

和室に通されました。座卓にサンドイッチと紅茶が用意されています。男性と2人、食事をしながらの話となりました。

男性はいきなり、核心の話を始めました。

先ず、あの土地で例えば自分の家族が、満足して住める家が40坪くらいの坪数で出来るものかどうか。

これを1番知りたいのだそうです。

「彼」はおもむろに、自分の鞄からノートパソコンを取り出し、電源を入れました。

そして、「39坪」と言うホルダーを開き、「39坪南間5・5別L」と言うホルダーをクリックしました。

中に3個の画像が入っていました。それを順番に拡大してご主人に見せます。1階平面図、2階平面図、外観パースの3個です。

ご主人はそれを食い入るように見ています。「彼」からマウスを借りると、順番に何度も見続けます。

それが次頁の平面図とその次の頁の外観パースです。10分くらいが経ちました。やっとご主人が顔を上げられました。

「すごい。完璧ではないにせよ、この図面は私のために書かれた訳でしょう。たった1日でよくこんな事が出来ますね」

しきりと感心しています。

「彼」はネタばらしをしました。39坪ホルダーの中身を見せたのです。

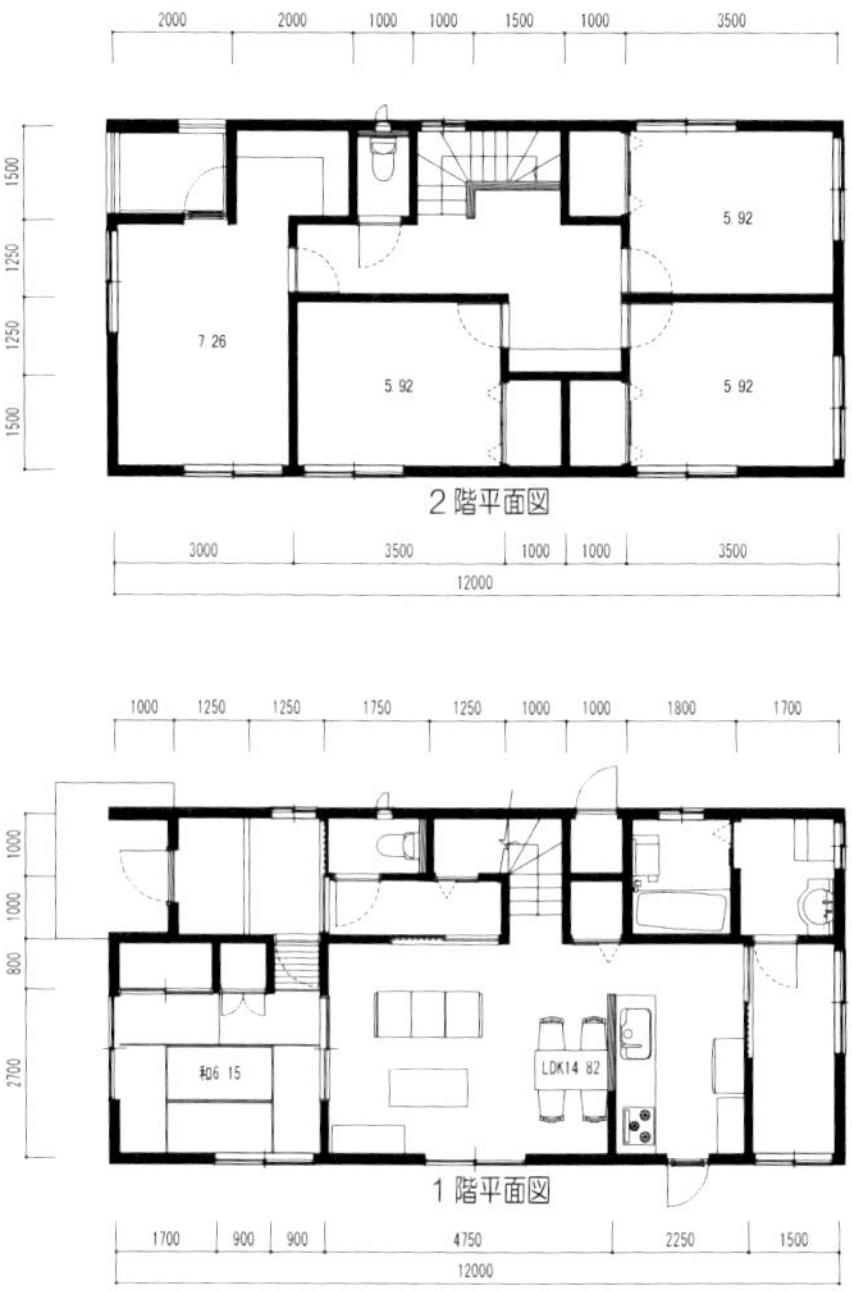

　そこには39坪南間口で始まるホルダーが
　16個並んでいます。つまり、東西南北で計48個が有ります。
　そしてそれをもう1度戻ってみます。30坪、33坪、36坪、39坪の4つのホルダーになります。
「ええーっ、じゃあ、48×4で192通りのプランがここに有るのですか」

男性はあきれてしまいました。そしてもう1度、さっきのプランに見入っています。

「ただ、これで、1つ問題が片付きました」

男性は携帯を取り出すと電話をかけ始めました。不動産屋さんです。

明日、夕方に例の土地について、手付金を持って行くと言われました。書類等の準備を頼むと言うのです。

「彼」の図面を見て、間口の狭さは何とかなる事が分かった訳です。

男性は、自分の方が用意するものも、自分のノートに書き込んでいます。

奥様がお茶の替えを持って来られました。

男性は、明日の昼休みに手付金を用意しておいて欲しいと奥様に言われました。

ついでに「彼」のプランを、奥様に見せられました。奥様は、すごいと言いながらパソコンに一生懸命見入っています。

「でも」

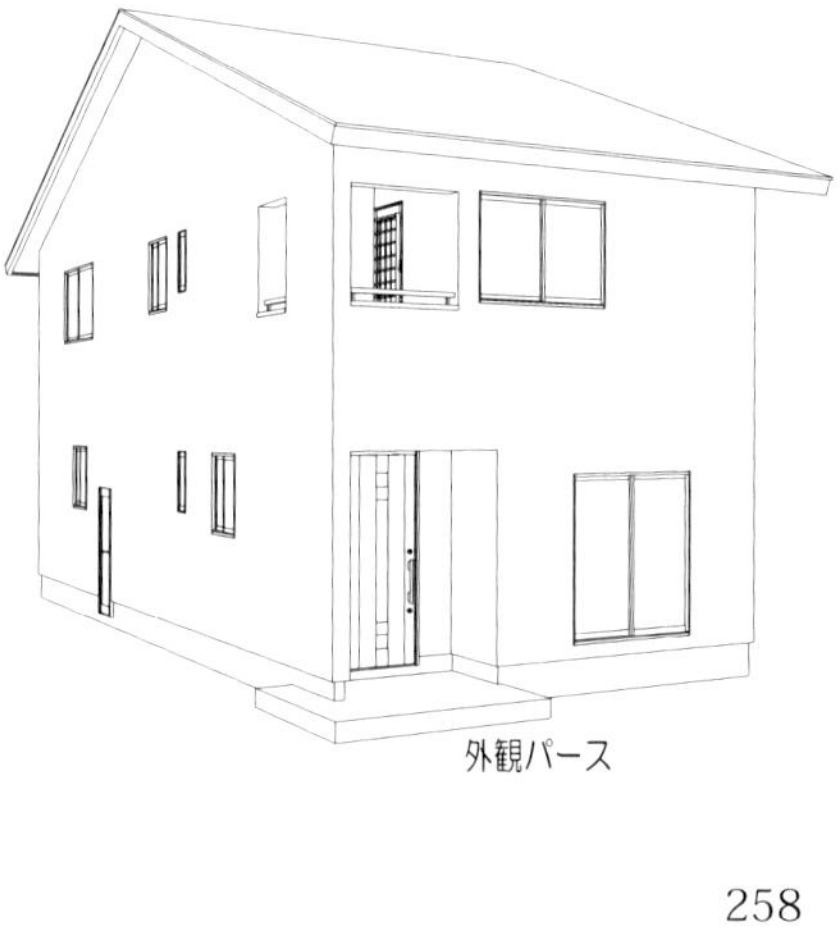
外観パース

奥様が出て行かれると、ご主人が話を再開されました。

「こんなもの僕に見せちゃうと、これをよその業者に見せるかもしれませんよ」

「彼」も昨日まではそう思っていました。

でも、「彼」なりのポリシーが有ります。

この男性のような合理的な考え方をされる相手が、未熟な図面で家を建ててしまう事が嫌なのです。

だから、今日の休みの日、私用としてこの家を訪問しました。

今のままでは、予算的にこのご主人の家を「彼」の会社が受注する事は多分無いでしょう。

「彼」には分っています。

「彼」の会社の他の営業マンはときどき、ローコストメーカーのデメリットを挙げて、自分の会社へと引っ張って来ます。

けど、この男性に、そんな営業方法は通じないでしょう。

よそで建てる方が、お客様のためになる場合が有るのかもしれません。

「彼」は最近の営業に、疑問を持ち始めています。

そして、最近会社の上との関係にも、少し行き詰まりを感じています。

「彼」は、工事原価がいつも頭にあります。利益を生み出さない工事は受注しません。

そして、粗利はいつも23％としています。これはどんな時でも変わりません。

例えば、30％近い粗利を上げられそうな時でも、お客様のためとして、数字を変えません。

逆に競争相手がいて粗利を15％くらいに落とせば、必ず契約になる事が分かっている時もあります。

その時も数字を変えません。

社長には、それが面白くありません。

キャンペーンの際、会社の方針として売り上げ目標を設定します。みんなが、利益率を落としても、売上を重視します。

それに従うべきなのは、「彼」にも分かっています。

ただそこまでして、しがみつくべき会社なのかという気持ちもあります。

自分自身の思い通りにやって、身を建てる方法が有るのなら、そっちに切り替えたいとさえ思っています。

「彼」は、男性に言いました。

この仕事に関しては自分が勝手にする事なので、1度は値段を入れるつもりです。

男性が「彼」の顔を見ました。

その後そのプランが、どうなろうとそれは関知しませんが。

そう続けました。

だから、ここへは私用として、自分のパソコンを持って来た事も付け加えました。

でも、男性の方は何か考えが有るのか、納得していません。

「じゃあ、このプランに対しての注文とかが有る場合はどうしますか」

確かに難しい問題です。

絶対受注できないと分かっていても、このプランを他の会社の人間が弄るのは「彼」にとって、とても嫌な事です。

「彼」は黙ってしまいました。

「多分」

ご主人が続けます。

「今の会社を辞めようかどうか迷っていませんか」

「彼」はそれには応えませんでした。

「もし本当にそうなら、僕としては願っても無い話なのだけどな」

「彼」は顔をあげて男性を見つめました。

男性の話はこうでした。

もともと中の良い友人が、ローコストで有名な、メーカーの営業をしているそうです。

家を建てるとしたら、その男の営業成績にしてやりたかったみたいです。

ただ、その会社にプランの依頼を頼んだら、ピンとこなかったみたいです。

それで少し他のメーカーを廻ってみました。一流メーカーは予算を言うと、本気になってくれません。

あとはみんな似たり寄ったりでした。

そんな中、じゃあどうすればローコストメーカーに騙されないかと言う事を考えました。

いくつか別のタイプも廻って見ようと言う事になり、最初に「彼」の処へ来た訳です。

「その営業の男が言うには、設計事務所に依頼すると、価格的に安くなる事は絶対ないそうです」

「彼」は真剣に聞いています。

「それに、これくらいのクラスの家に関しては、メーカーの方がいろんなノウハウを持っています」

男性は続けます。

「メジャーリーグの代理人ですよ」

いきなり、こんな事を言われました。

「こっちの立場になって、契約時にローコストメーカーと、いろんな保証等の交渉をしてくれる人はいないかなって話ですよ」

男性は「彼」の顔を見ました。

「ついでに大枠のプランも作ってくれる。設計監修って言うらしいけど、是非、それをやってもらえませんか」

「彼」には寝耳に水の話でした。

けど、初めての話ではありません。

よく考えてみると、この1年値段で折り合わずに、契約を逃した事が結構ありました。

そんなお客さん達も、「彼」のプランを気に入っていました。

会社には内緒ですが、「彼」のプランのまま、よそのメーカーが建てた住宅もいくつかあったみたいです。

「彼」には別に、それが悪い事だとは思っていません。

ぼんやりと、そんな話もありなのかなと思いました。

「確か、設計監理自体は、その建てるメーカーがしてくれる方が、後々のアフターとかにとってもいいって話です」

　男性は続けます。

「これから、設計監修と言う仕事は、需要の出て来る、仕事みたいですね。報酬は、工事費の3%くらいが相場だったかな」

「彼」はまだ黙って聞いていました。

「別に、今すぐ返事してもらわなくてもいいのです。ただ、このプランの手直しは、放り出さないで下さいよ」

「彼」も今の処は、いつも通りに仕事を続けていく事にしました。

ただ、「彼」の会社へ仕事が来ない事は分かっています。

今後は話をするのも、夜。そして、プランを作って来るのも、「彼」のパソコンに入っているソフトでやる事にしました。

とりあえず、その日はプリントアウトした物がありません。

予備に持っていたUSBを使って画像をコピーし、男性に渡しました。

2日くらい考えさせて欲しいと言われました。3日後の夜の訪問を約束して、その日は「彼」も帰る事にしました。

そして、3日後の夜の8時、「彼」は再びその家を尋ねました。食事時を外して、夕食を済ませてきました。

ゆっくりと話をした方が良いだろうと考えて、この時間にしてもらいました。

子供達も勉強したり、遊んでいたりしているのでしょう。今日は奥様も話に入って来られました。

「彼」としても、その方が本来の形なのでやり易くなりました。

ご主人は、「彼」が作った画像を、自分のレイアウトで2部プリントアウトして、準備してあります。

気のついた事を、あらかじめ書き込んでありました。

先ず、大きさ的にはこれで抑えたいとの事です。

外観についての注文が有りました。玄関の上がバルコニーで有る事を、もっと強調した感じがいいそうです。

そのためにも、ポーチが2・0m、バルコニーが1・5mと言うように、食い違っているのは面白くありません。（宿題①）

バルコニー自体も2・0m×2・0mくらい有った方が良いみたいです。

和室、LDKは開放して欲しいそうです。（宿題②）

そしてこれは奥様からですが、対面式キッチンは嫌いだ、との事でした。（宿題③）

コーナーキッチンで、はっきりとキッチンとダイニングとが別れていて欲しいそうです。

その上で、家事室兼用のサンルームと水廻りとの、家事動線が繋がっていて欲しいそうです。（宿題④）

かなり難しい事を言われています。「彼」はもらった図面に、矢印と記号の書き込みをしています。

そして、ＬＤＫも和室も、東西、南側と、いろいろ風が、通り抜けて行って欲しいそうです。（宿題⑤）

これは大切な事だと「彼」も自覚しています。

２階に関しては、バルコニーと寝室とを、もう少し大きくして欲しいとの事でした。（宿題⑥）

並び方としては階段も含めてこれで良いそうです。

「彼」は当然の事として、これだけの注文ですから、いくらかの面積増を認めてもらえるものと思いました。その確認をします。

「ゼロでお願いします」

そう言われてしまいました。

話は終わりました。

「是非、設計監修の話も前向きに考えて下さいよ」

別れ際そう言われました。

「彼」はお暇をしました。

家に帰っても、その日は仕事をする気にはなりませんでした。

いつもはほとんど酒を飲まない「彼」です。でもこの日は、冷蔵庫にいつから入っているのか分からない、缶ビールを手にしました。

この日は、なかなか寝付けませんでした。

あくる日も平日でしたが、「彼」は休日でした。普段だと、休日でも会社に顔を出しますが、この日は止めました。

そして、家で机に向かいグラフ用紙を取り出しました。そして、ほとんど半日の間、没頭しました。

そして出来あがったのが、次頁の図です。そして、外観はその次の頁の図になります。

先ず、バルコニーは2・0m×2・0mにしました。（宿題①）。

それによって、2階はトイレの向きを変え、寝室を3・5m×3・5mにしました。

7・41帖となり、バルコニーも寝室も少し広くなりました。

東向きの子供室の収納は１・５ｍ×０・８７５ｍです。別に問題はないと思います。（宿題⑥）
　１階の和室、ＬＤＫは開放しました。（宿題②）。
　そして、ＬＤＫはL型になりました。キッチンはコーナーキッチンです。水廻りとの動線も出来ました。（宿題③）（宿題④）。

　そして、キッチンの窓や、開けたサンルームの窓から、ＬＤＫや和室へと、風が抜けています。（宿題⑤）
　そして、驚く事に、面積は１３２・０㎡、39・93坪のまでした。
　午前中、グラフ用紙にプランを書きあげると、午後は慣れないままＣＡＤを操作します。

夜遅くまでかけて、平面図と外観パースをプリントアウトしました。

そして、早い方が良いかと思い、次の日の出勤前に届けておきました。

その夜は何の連絡も有りませんでした。そして次の日の夜に連絡が有りました。明晩話がしたいとの事です。

勿論、前向きな話だと言われます。機嫌の良さそうな声でした。概ね満足だとも言われました。

えっ。

「彼」とすれば、もう少し褒め言葉もあるだろうにと、少し不満です。

とりあえず、次の日の夜の午後8時にお邪魔する事になりました。

「大分良くなりましたよね」

開口1番のセリフがこれでした。「彼」が少しぶすっとしているのを見て、奥様がフォローされます。

外観パース

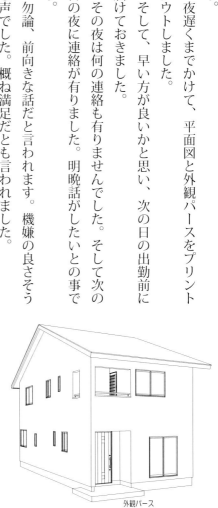

「この人の癖なの、本当に気にいると、いつもこんな調子。昨日私に話した時と、全然違うわ。気を悪くしないで下さいね」

奥様は、ご主人はものすごいほどに「彼」の事を評価していると言ってくれました。

ただ、「彼」とすれば、ここまでして何がまだ不満なのか、訊いておく事にしました。

すると、2階のホールの遊びと風の抜け方だと言われました。

今回は「彼」もはっきりと言い返しました。

あと1坪、坪数の増を認めてくれるのなら、何とかしますよ。

坪数の増減の無い中で、そんな事が出来るものなら、必ずやっていた筈です。そんな自信みたいなものが、「彼」には有ります。

ここで、ご主人もやっと納得されました。

このプランが、大筋の契約までの図面になるそうです。

この後の軽微な変更や、少しの面積増で2階ホールにゆとりを持たせたりするかどうかは後で考えます。

工事金額の増減を、増工事減工事のチェックによって、確認して行けば良い訳です。

ご主人はついでに「彼」の会社ならこの工事を基本仕様のままとして、いくらで請け負うかと訊かれました。

これは、事前に計算してあります。地盤改良とか、照明器具や諸経費は別で、１８００万円くらいです。

これがギリギリの線だと「彼」は言いました。勿論税込みの数字です。

ご主人はなるほどと言うように頷きました。勿論、すぐにローコストのメーカーで見積りをさせる訳です。

この日の「彼」との話についてはそれ以上の進展は有りませんでした。

とりあえず、ローコストメーカーの値段が出た段階で話を詰める事になりました。

いろいろ考えさせられる処です。「彼」の会社がそれに対してどう対応するのか、見極めて見たい気もします。

1週間くらいは、待つ事になるでしょう。「彼」はまた連絡をもらうと言う事にして、帰る事にしました。

ちょうど1週間たった夜、ご主人より電話をもらいました。

ローコストのメーカーは、１５００万円までおとせると言うのです。とても太刀打ちできる数字ではありません。

明日の夜にまた話をすると言う事にして、電話を切りました。

翌日、会社に出た「彼」は合間を見つけて、社長に時間を取ってもらいました。

今回の工事について話します。

「彼」の出した数字と相手の出した数字の開きについて、社長がどう対応するのか、訊いてみたかったのです。

社長は、話を聞いてしばらくしてから、喋り出しました。

それは駆け引きが有るからだろ、1600万円で受注しろと、言うのです。

「彼」は馬鹿馬鹿しくなりました。

例え1600万円でも、この会社の仕様やシステムの中では、利益は出せません。

そう言いました。

すると、社長は何事も気迫が1番だ、下請け業者に協力させると言いました。

「彼」は話をするのも嫌になってしまいました。そして、黙って引き下がりました。

夜、男性の家には、そのローコストメーカーの友達も一緒でした。

3人で話をしているうちに、「彼」自体の居場所が何となく分かってきました。そのメーカーのお友達は「彼」に打診してきました。

その会社のアドバイザーとして「彼」が非常勤でいいから、仕事をしてくれないかと。

そちらの社長から言われて、「彼」を説得するように来たそうです。男性もそれが、とりあえずの道ではないかと言ってくれました。

多分、近いうちに、今の会社を辞める事になるのかな。
「彼」はそう思いました。

（完）

実践 住宅営業マンのための間取り学
2023年09月20日初版発行

著　者　山崎一也
発　行　表現社出版販売
〒101-0021　東京都台東区上野3-4-6
fukumimi3131@icloud.com
ISBN978-4-89477-509-1 C0052
乱丁・落丁本は小社にてお取替え致します。定価はカバーに表示

DTP／jungle